조지와
빅뱅 ②

BOOK 3 : GEORGE AND THE BIG BANG
by Lucy and Stephen Hawking
Copyright © Lucy Hawking 2011

Illustrations by Garry Parsons
Illustrations/Diagrams copyright © Random House Children's Books, 2011
Inside page design by Dickidot Ltd.

The right of Lucy Hawking to be identified as the author of this work has been asserted in accordance with the Copyright, Designs and Patents Act 1988.

Published by arrangement with Random House Children's Books,
one part of the Random House Group Ltd.
All rights reserved.

Korean translation copyright © 2012 by RH Korea Co., Ltd.
Korean translation rights arranged with Random House Children's Books
through EYA (Eric Yang Agency).

이 책의 한국어판 저작권은 EYA(Eric Yang Agency)를 통해
Random House Children's Books사와 독점 계약한 (주)알에이치코리아에 있습니다.

저작권법에 의하여 한국 내에서 보호를 받는 저작물이므로 무단 전재와 복제를 금합니다.

스티븐 호킹의 우주 과학 동화

조지와 빅뱅 ②

루시 & 스티븐 호킹 지음 · 김혜원 옮김

주니어 RHK

 ## 등장인물 소개

조지 그린비 호기심 많고 영리한 소년. 어느 날 애완 돼지 프레디가 울타리를 뚫고 도망치는 바람에 괴상한 이웃 에릭과 그의 딸 애니, 슈퍼컴퓨터 코스모스를 만나게 되고, 그들과의 모험을 통해 점점 과학의 중요성을 깨닫는다. 그동안 에릭과 교류하며 익힌 과학 지식을 활용해 위험에 빠진 에릭을 구하는 데 결정적인 역할을 한다.

테렌스와 데이지 조지의 부모. 조지에게 안전하고 건강한 환경을 만들어 주기 위해 모든 옷을 손으로 빨고 직접 재배한 농작물로만 음식을 만들어 먹는 열혈 생태 환경 운동가. 쌍둥이를 낳은 뒤로 정신없는 하루하루를 보낸다.

프레디 조지의 핑크빛 돼지. 몸집이 점점 커져서 조지네 뒷마당에서 쫓겨나게 되자, 조지와 애니는 슈퍼컴퓨터를 이용해 우주에서 돼지가 살 만한 장소를 찾기 시작한다.

애니 다방면에 관심이 많은 조지네 옆집 소녀. 아무렇지 않게 거짓말을 꾸며 대기도 하지만 왠지 미워할 수 없는 귀여운 소녀이다. 중학생이 되면서 조지와 멀어지는 듯했지만, 결국 조지와 힘을 합쳐 에릭을 구한다.

에릭 애니의 아빠. 슈퍼컴퓨터 코스모스를 만든 천재 과학자이지만 착한 성품 때문에 함정에 빠진다. 과학에 대한 열정과 학식이 대단하며 과학 이외의 것들에는 무신경한 편이다. 거대 강입자 충돌기를 이용해 초기 우주의 모습을 재현하는 연구에 몰두해 있다.

수잔 애니의 엄마. 과학에 푹 빠져 사는 남편과 고집쟁이 딸 애니를 따뜻하게 보살핀다.

코스모스 우주의 문을 열어 주는 세상에서 가장 뛰어난 컴퓨터. 그 사실을 너무 강조해서 얄미울 때도 있지만, 정의와 의리를 지킨다.

그레이엄 리퍼 조지가 다니는 학교의 과학 선생님이었다. 대학 시절 코스모스에 얽힌 무시무시한 악연 때문에 에릭을 위험에 빠뜨리기도 했지만, 에릭이 위험하다는 것을 알고 조지에게 자신의 아바타를 보내서 도우려 한다.

빈센트 애니의 학교 선배. 스케이트보드 챔피언에다 태권도도 잘해 조지의 질투심을 자극한다. 긴박한 순간에 조지와 애니를 도와 활약하는 멋진 모습을 보여 준다.

주주빈 에릭이 다니던 대학의 지도 교수. 뛰어난 제자 에릭을 시기해서 구형 코스모스를 이용해 과거를 되돌리고, 에릭을 포함한 과학 탐구단 전원을 제거하려는 계획을 세우는 위험한 인물이다.

슈뢰디 주주빈의 고양이. 위기에 빠진 조지와 애니를 도운 뒤 홀연히 사라진다.

 **차례**

등장인물 소개 … 4

12장 … 9

13장 … 41

14장 … 54

15장 … 80

16장 … 99

17장 … 119

18장 … 131

19장 … 167

감사의 글 … 184

옮긴이의 글 … 186

12장

 조지는 터널 반대쪽으로 쏜살같이 나와서 매끈하게 쭉 뻗은 바위를 따라 엎드린 채로 미끄러졌다. 은빛 터널에서 소용돌이치던 밝은 빛 때문에 눈앞이 여전히 뿌옇게 보였다. 잠시 현기증이 일면서 눈앞에서 별들이 핑핑 돌았다. 이윽고 조지는 고개를 들어 하늘을 보았다. 검은 하늘에는 수천 개가 넘는 별들이 밝게 빛나고 있었다.
 위를 올려다보던 조지는 또 다른 무언가를 발견했다. 앞에 커다란 검은색 장화가 나타나더니, 검은 우주복을 입은 형체가 조지에게 다가왔다. 그 형체의 얼굴은 우주 헬멧의 어두운 안면 유리에 감춰져 있었다. 그러나 그건 중요하지 않았다. 굳이 얼굴을 보지 않아도, 조지는 그가 리퍼 박사임을 알았다. 심술궂은 과학자이자 미치광이 리퍼가 또다시 우주를 활보하고 있었다.
 리퍼의 머리 뒤로 하늘이 끝없이 펼쳐져 있었는데, 어찌나 어

두운지 리퍼의 몸 윤곽을 분간하기 어려웠다. 리퍼 옆에는 커다란 크레이터들로 움푹 파인 잿빛 바위만 보일 뿐이었다. 조지는 여행으로 녹초가 된 몸을 조심스럽게 일으켜 세웠다.

"벌떡 일어서도 괜찮아. 너를 위해서 몸이 붕붕 뜨지 않을 정도로 무거운 소행성을 골랐으니까."

리퍼가 차갑게 말했다.

조지는 애니와 첫 우주여행을 할 때 어떤 혜성에 착륙했는데, 그곳 중력이 그리 강하지 않아서 몸이 붕붕 뜨지 않도록 바윗덩이와 얼음을 몸에 묶어야만 했다. 그 혜성은 주로 먼지와 얼음과 얼어붙은 가스로 이루어진 반면, 이 소행성은 크기가 더 크고 밀도도 훨씬 더 높은 물질로 만들어져 있었다. 이곳 중력은 조지를 제자리에 단단하게 붙잡고 있는 것 같았다.

"여기가 어디죠?"

조지가 약간 비틀거리며 일어서고는 물었다.

"생판 모르겠지? 멀리서 네가 구해 주길 기다리고 있는 아름다운 청록색 행성도 보이지 않고?"

조지는 주위에서 별 이외엔 아무것도 찾아볼 수 없었다. 터널 입구는 완전히 사라져서 이제 리퍼와 이 이상한 암석 지역에서 달아날 방법은 없었다.

"모르는 게 당연하지."

리퍼가 말을 이었다.

"하긴 우리가 속해 있는 은하수로 데려갔어도 모르긴 마찬가지겠지. 넌 은하수에 있지 않아. 전보다 훨씬 멀리 여행해 왔거든."

"여기가 또 다른 우주인가요? 저 터널이 웜홀이었나요?"

"아니. 그건 내가 최근에 새로 만든 출입구야. 문처럼 생긴 출입구는 너무 구식이라고 생각하지 않니? 에릭은 언제나 구식을 고집하는 전통주의자였지. 안 그래? 에릭의 이론들은 우리가 우주에 대해서 알고 있다고 생각하는 모든 것을 갈가리 찢어 놓을 정도로 파격적이지만, 출입구를 설계할 때는 자기 집 정문의 모습을 따서 구식으로 만들었지. 여기는 안드로메다란다, 조지."

안드로메다

- 안드로메다은하(M31로도 알려져 있다.)는 우리 은하인 은하수에 가장 가까운 대형 은하이며, 국부 은하군에서 가장 큰 은하이다. 국부 은하군이란 서로의 중력에 강하게 영향을 받는, 약 40개 정도 되는 가까운 은하들의 모임이다.

- 250만 광년 떨어진 안드로메다는 사실 우리와 가장 가까운 은하는 아니지만(가장 가까운 은하는 큰개자리 왜소 은하이다.), 크기와 질량이 유사한 은하로는 가장 가깝다.

- 이전에는 안드로메다은하가 우리 은하 질량의 2~3배에 달하는 초대형 은하라고 생각해 왔다. 하지만 최근 이루어진 연구에서 안드로메다은하의 질량이 우리 은하와 비슷한 태양의 8000억 배라고 알려졌다.

- 안드로메다도 은하수처럼 나선형 모양이다.

- 안드로메다도 은하수처럼 중심에 초대형 블랙홀이 있다.

- 또한 안드로메다도 은하수처럼 몇몇(적어도 열네 개의) 왜소 은하가 주위를 공전하고 있다.

대부분의 은하들은 적색 이동하지만, 안드로메다에서 오는 빛은 청색 이동한다. 이것은 은하들을 서로 멀어지게 하는 우주의 팽창이 두 은하들 사이의 중력보다 작기 때문이다. 안드로메다는 초속 300킬로미터 정도로 은하수 쪽으로 다가오고 있다. 두 은하는 약 50억 년 뒤에 충돌해서 합병하거나 혹은 살짝 스치고 지나갈 것이다. 은하들 사이의 충돌은 흔한 것으로 여겨진다. 현재 큰개자리 왜소 은하는 우리 은하와 합병하고 있다!

"또 다른 은하라고요……?"

조지가 놀라서 말했다.

"우리의 이웃이지."

리퍼가 한쪽 팔로 조지를 툭 건드리면서 말했다.

"이 은하는 옆집에 있는 거나 마찬가지야. 우주의 엄청난 크기를 고려하면, 그런 거나 다름없지. 그런데 뭐 알아챈 거 없니?"

"별들이 똑같이 보여요……. 이 소행성은 소행성처럼 보이고요. 우리가 어떤 별을 공전하고 있을 테니, 또 다른 태양계에 있는 거겠죠. 그런데도 우리 은하에 있는 것과 별반 다르지 않아요."

조지가 천천히 말했다.

"그래, 그렇지."

리퍼가 맞장구를 쳤다.

"놀라운 일이지. 가까이서 보면 정확히 똑같은 돌멩이는 하나도 없단다. 행성도 별도 은하도 마찬가지야. 우주 공간의 어떤 지역은 그저 가스와 암흑 물질만 포함하고 있지만, 또 어떤 지역에는 별과 소행성과 행성들이 있지. 굉장히 다양해! 하지만 우리가 지구에서 250만 광년 떨어져 있는데도 상황은 그렇게 달라 보이지 않지. 이 소행성은 우리 태양계에 있을 수도 있고, 저 별들은

우주 공간의 균일성

일반 상대성 이론을 우주 전체에 적용하기 위해서 보통 몇 가지 가정을 한다.

우주 공간의 모든 장소는 똑같은 방식으로 행동할 것이다.
(균일성)

우주 공간의 모든 방향은 똑같아 보일 것이다.
(등방성)

이렇게 되면 우주의 모습은 다음과 같이 된다.

우주의 균일성은

빅뱅으로 시작된 뒤

도처에서 똑같이 팽창한다.

이런 묘사는 천문학 관측(지상과 우주 공간에 있는 망원경으로 볼 수 있는 것)으로 확실하게 뒷받침된다.

우주 공간의 균일성

그러나 우주는 정확히 균일할 수가 없다. 만약 그랬다면 은하, 별, 태양계, 행성, 사람들 같은 구조는 존재할 수 없었을 것이다. 최초의 가스와 암흑 물질 지역들이 어떻게 붕괴되기 시작했는지 설명하기 위해서는, 균일성 위에 작은 요동들이 있는 패턴이 있어야 한다. 그래야 물리학 법칙에 따라 별과 행성이 계속 만들어질 수 있을 것이다.

가스와 암흑 물질이 거의 균일하게 시작되고, 도처에 똑같은 물리학 법칙이 적용된다고 생각하기 때문에, 우리는 모든 은하들이 유사한 방식으로 형성된다고 추측한다. 따라서 먼 은하들도 우리가 은하수에서 볼 수 있는 것과 유사한 형태의 별과 행성과 소행성과 혜성을 가져야 한다.

초기의 작은 요동들이 어디서 생겨났는지 아직은 완전히 알지 못한다. 지금으로서는 아주 작은 양자 요동들이 빅뱅 직후에 일어난 초기의 매우 급속한 팽창(급팽창)에 의해 확대되어 생겨났다는 게 가장 그럴듯한 이론이다.

은하수에 있을 수도 있어. 여기에서 일어나는 변화들도 우리 은하와 똑같아. 그게 무슨 뜻이라고 생각하니, 조지? 대답해 봐라. 그러면 우리가 왜 여기에 있는지 말해 주마."

"그건 모든 곳의 모든 것이 똑같은 방식으로, 똑같은 물질로, 똑같은 규칙에 따라 만들어졌지만, 시간이 시작된 태초에 아주 작은 요동들이 모든 것을 다른 모든 것과 다소 달라지게 했다는 뜻이에요."

조지가 에릭의 강연을 떠올리며 대답했다.

"잘했다! 내 제자 가운데 하나가 제대로 배웠다는 것을 알게 되어서 기쁘구나."

"그런데 저를 왜 여기로 데려온 거죠? 이번에는 또 무슨 일인데요?"

조지가 용기를 내어 물었다.

"네 말투가 마음에 들지 않는구나."

리퍼가 조지의 옛 학교 선생님 같은 투로 말했다.

"저도 말하는 햄스터가 저를 우주로 보낸 게 별로 마음에 들지 않아요."

조지도 지지 않고 되받아쳤다.

"물론, 좀 갑작스러운 일이었다는 건 나도 알아."

당황한 리퍼가 허둥지둥 말했다.

"근데 네게 달리 연락할 방법이 있어야지."

"아, 그러셨어요?"

조지가 믿을 수 없다는 듯 말했다.

"밤중에 저희 집에 몰래 들어와서 제 교과서에 쪽지를 남기지 않으셨나요?"

"그래, 그래, 그랬지."

리퍼가 유들유들하게 말했다. 그러나 늘 자신만만해하던 예전의 리퍼와 달리, 왠지 이상하게 초조해 보였다.

"네 관심을 끌려고 그랬어. 너희 옆집에 사는 에릭을 찾을 수가 없어서 대신 너한테 쪽지를 남겼지."

"그렇게 중요한 일이라면 왜 그냥 저한테 와서 말씀하지 않으셨어요?"

"그렇게 할 수가 없었어."

리퍼가 좌절감에 휩싸인 표정으로 말했다.

"난 아무 데도 갈 수 없고 아무 일도 할 수 없단다. 오도 가도 못하는 신세야. 내가 지난밤에 몰래 빠져나가 너희 집에 간 뒤로, 그들이 훨씬 더 삼엄하게 나를 감시하고 있거든. 그들은 내가 너를 찾아간 건 모르지만, 내가 어딘가에 갔었다는 걸 알고는 더욱 의심하게 됐지. 바로 그 때문에 너를 우주에서 만나야 했어. 우리가 안전하게 대화를 나눌 수 있는 곳은 우주뿐이니까. 평범한 방법으로는 네게 연락할 수 없었을 거야. 분명 에릭한테도. 만약 연락하다가 들켰다면 우리가 그들을 막을 수 있는 유일한 기회를 날려 버리는 거니까."

"리퍼 박사님을 감시하고 있는 사람들이 누군데요?"

"토래그야. 그자들은 도처에 있어."

마치 안드로메다은하의 알려지지 않은 구역에 있는 이 소행성 옆에서 토래그들이 떠돌아다니고 있다는 듯이, 리퍼는 말하는 내내 불안하게 주위를 두리번거렸다.

"그들은 눈에 보이지 않는 음산한 세력이야. 그들은 우리 사방에 있어."

"그들을 암흑 물질로 생각하시는 것 같네요. 우주를 구성하는 총 물질의 23퍼센트를 차지하는 보이지 않는 물질 말이에요."

"조지, 네 말이 맞아."

리퍼가 진심으로 말했다.

"그들은 인간의 암흑 물질 같은 존재야. 넌 그들을 볼 수 없지만, 주변에 있는 우주에 영향을 끼치는 것을 보고, 그들이 존재한다는 사실을 아니까 말이야."

이번에는 리퍼가 진심으로 말하는 것 같았다. 그에게 진심이라는 게 진짜로 있다면 말이다.

"에릭 아저씨가 강연할 때 검은 옷을 입고 시위했던 자들이 그들인가요?"

조지가 다그쳐 물었다.

"그건 극히 일부에 불과해. 훨씬 더 많이 있지. 그들은 거대한 네트워크를 형성하고 있단다. 나도 시위 장소에 있었어. 그런데 너한테 가까이 갈 수가 없어서, 어떤 남자아이를 통해서 너한테 경고하려고 했는데, 잘되지 않았지."

"그럴 줄 알았어요! 빈센트에게 말을 건 사람이 리퍼 박사님일 줄 알았어요! 하지만 이유를 알 수가 없더라고요. 토래그가 왜 이러는지 도무지 이해가 되지 않아요. 에릭 아저씨가 모든 것의 이론을 발견하는 게 왜 나쁜 거죠? 우주의 기원을 이해하는 게 왜 그렇게 위험한 거예요?"

"너와 나에게는 그게 위대한 진보가 되겠지. 하지만 토래그에게는 끔찍하고 충격적인 타격이 될 거야."

"진짜 진공과 그것이 일으키게 될 일 때문인가요?"

"그들의 지도층은 정말로 거대 강입자 충돌기에서 파괴의 거품이 새어 나와 우주를 갈가리 찢어 놓을 거라고는 믿지 않아. 그저 사람들한테 겁을 줘서 자기네 조직에 합류시키려고 내세운 끔찍

한 종말론적 예측에 불과하지. 조직 네트워크를 계속 키워 나가려고 말이야. 그들이 정말로 두려워하는 것은 다른 것이란다."

"예를 들면요?"

조지가 리퍼와 대화하는 동안 소행성은 궤도를 따라 질주하면서, 태양보다 수십억 년이나 더 젊은 매우 밝은 별의 주위를 돌고 있었다. 조지가 지켜보는 동안, 길이가 200미터는 되어 보이는 돌덩어리들이 핵폭발의 에너지를 갖고 서로 충돌했다. 산산이 부서져 가루가 된 먼지구름이 바깥쪽으로 흩어졌다. 이 젊은 태양계는 그런 돌덩어리들이 중심 별의 주위를 고속으로 돌고 있는 매우 격렬한 장소였다. 결국은 행성들이 만들어져 이런 충돌로 만들어진 조각을 흡수하겠지만, 지금은 혼돈스러운 위험한 장소였다. 그렇더라도 리퍼의 말을 듣고 판단한 것이긴 하지만, 우주의 어디라도 지금의 지구보다는 나을 것 같다고 조지는 생각했다.

"토래그의 지도층은 에릭의 실험이 결국 다른 결과들을 가져올 거라고 확신하고 있단다. 일단 우리가 모든 것의 이론을 갖게 되면, 과학자들이 이 지식을 수많은 방식으로 사용할 거라고 믿고 있지. 이를테면, 깨끗하고 값싸고 재활용이 가능한 새로운 에너지원을 만들 수 있게 되리라고 말이야."

"모두가 그러길 바라는 거 아니에요?"

조지가 외쳤다.

"나는 그들의 비밀 회원 파일을 해킹한 적이 있단다."

리퍼가 설명했다.

"그러니까 나는 실제로 토래그 지도층의 정체를 확인한 몇 안 되는 사람들 가운데 하나인 셈이지. 맨 처음 토래그는 큰 회사들로 구성되어 있었단다. 재생 에너지를 찾기보다, 석탄이나 석유나 가스나 핵에너지를 계속 사용하길 원하는 사람들로 말이야. 그들은 거대 강입자 충돌기에서 한 실험에서, 깨끗하고 값싼 에너지를 생산할 방법에 대한 단서를 얻으리라 생각하고 있지. 바로 그 점을 바라지 않는 거야."

"헉! 그러니까 바다를 더럽히고 대기를 온실가스로 오염시키는 바로 그 사람들이라는 말인가요?"

조지는 생태 환경 운동가인 부모님과, 그들이 지구를 보호하기 위해서 얼마나 열심히 노력하고 있는지 생각했다. 그의 부모님은 그저 지구에서 펼쳐질 미래의 삶을 변화시키고 싶은, 평범하고 착한 사람들이었다. 부모님이 이토록 강력한 적들을 상대로 무엇을 할 수 있을까?

"그들만이 아니야."

리퍼가 경고했다.

"토래그 안에는 일단 우리가 네 개의 힘을 하나로 통합하는 이론을 찾으면, 전쟁이 없어질 거라고 생각하는 집단도 있단다. 우리는 모두 똑같으며, 모두가 똑같은 인류의 일부라는 사실을 이해하게 될 거라고 말이야. 그렇게 되면 사람들은 지구의 많은 문제들을 자각할 테고, 자원 경쟁을 끝낼 테고, 부강한 나라들은 가난한 나라들을 도우려고 할 테지."

"그들은 평화를 원하지 않나요?"

조지는 어리둥절했다.

"그래."

리퍼가 짧게 말했다.

"그들은 사람들이 서로 죽일 수 있는 무기들을 팔면서 많은 돈을 번단다. 그래서 우리가 계속해서 전쟁을 일으키기를 바라지."

"또 어떤 사람들이 있나요?"

"음, 점성가들도 몇몇 있지. 그들은 에릭을 비롯한 다른 과학자들이 모든 것을 설명할 수 있게 되면, 자신들의 예측이 쓸모없게 될 거라고 생각하고 있어. 그러면 인터넷으로 운수를 점쳐 주는 방식으로는 돈을 벌 수 없게 되겠지. 유명한 복음 전도사들도 있어. 그들은 에릭이 성공하면 아무도 구원받기를 바라지 않을까 봐 걱정한단다. 또 무서워서 합류한 집단도 있단다. 과학이 미래에 이루게 될 일이 두려워서 말이야. 그중에는 심지어 과학자들도 몇몇 있단다."

"과학자들도요? 과학자들이 왜 토래그의 회원이 돼요?"

조지가 놀라서 물었다.

"글쎄, 우선 내가 가입했지. 물론 나는 진정으로 가입한 게 아니었어. 토래그를 감시하려고 잠입한 거지. 나는 이 반과학 비밀 조직에 대해 듣고, 더 많은 것을 알아내기 위해 그 조직의 회원이 된 거야. 내 암호명은 아이작이란다. 가장 위대한 과학자 가운데 한 명인 아이작 뉴턴의 이름을 땄지. 나는 입회 승인을 받기 위해, 에릭과 여전히 말도 못 할 원수라고 거짓말을 해야 했단다. 내가 에릭하고 화해한 사실은 아직 아무도 몰라. 그래서 그자들은 내 말을 믿고 가입을 허락해 주었지."

"에릭 아저씨는 리퍼 박사님이 토래그 회원이라는 걸 알고 계시나요?"

"아니, 몰라."

리퍼가 시인했다.

"나는 에릭이 알게 되길 바랐지. 에릭한테 그들의 계획을 알려 주고 싶었어. 하지만 내가 에릭한테 직접 연락하면, 에릭이 더 큰 위험에 빠지게 된다는 걸 깨달았지."

"과학자 중에 또 누가 있어요?"

"그걸 알기가 어려워. 과학자들을 서로 만나지 못하게 하거든. 맡은 임무가 각기 달라서, 만날 일도 절대로 없어."

"리퍼 박사님은 어떤 임무를 맡으셨어요?"

"내 임무는 말이지……."

리퍼의 목소리에 자부심이 묻어났다.

"정말로 강력하고 지능적인 폭탄을 만드는 일이었어. 그들은 내가 뇌관 제거가 불가능한 폭탄을 만들기를 바랐지. 폭탄 대부분은 전선만 끊으면 폭발을 막을 수 있다는 게 문제였거든. 토래그는 전선을 자르거나 암호를 안다고 해도, 절대로 폭발을 막을 수 없는 폭탄을 원했어."

리퍼가 성급히 덧붙였다.

"그들은 그저 실험만을 목적으로 하는 원형일 뿐이라고 했어."

"설마 정말로 그 일을 하지는 않으셨죠? 그러니까 박사님이 실제로 작동하는 폭탄을 만들어서 위험한 반과학 지하 조직에 넘겨주신 건 아니겠죠?"

"무슨 소리야, 당연히 그렇게 했지!"

리퍼가 당황한 목소리로 말했다.

"어떻게 작동하지 않는 폭탄을 만들 수 있겠니?"

"그거야 아주 쉽게 만들 수 있죠!"

조지는 기가 막혔다.

"폭탄이 작동하지 않으면 아무것도 폭파시킬 수 없을 테니, 문제가 간단히 해결되잖아요!"

"하지만 난 과학자야!"

리퍼가 푸념을 했다.

"작동하지 않는 것을 만들 수는 없어! 일은 제대로 해야만 해. 그렇지 않다면 과학자가 아니야! 그리고 그래야……."

리퍼가 말꼬리를 흐렸다.

"그 폭탄에 대해서 말씀해 주세요."

조지가 애써 꾹 참으며 말했다.

"그래, 좋아."

리퍼의 목소리가 더 열성적으로 들렸다.

"정말로 굉장한 폭탄이야! 무엇이든 폭파시킬 수 있지. 무엇이든 말이야! 게다가 독창적이기까지 하지!"

"박사님, 자세히 좀 말씀해 주세요."

조지가 재촉했다.

"미안, 미안! 좋아, 나는 스위치가 여덟 개 달린 폭탄을 설계했단다. 그 스위치들을 작동시키려면 숫자판에 암호를 입력해야 해.

그 뒤 스위치 여덟 개를 모두 누르면 여덟 개의 상태가 중첩되지. 일단 여덟 개의 스위치를 모두 누르면 카운트다운이 자동적으로 시작되는 거야."

"그러면 어떤 부분이 독창적이라는 거예요?"

조지가 물었다.

"바로 양자 역학 폭탄이라는 점이지."

리퍼는 조금 자랑하고 있는 것 같았다.

"뇌관 안에서 다양하게 바뀌는 양자 중첩이 만들어지거든. 이 말은 누군가 전선 하나를 자르거나, 스위치 하나를 움직여서 폭탄의 뇌관을 제거하려 한다면, 그 사람뿐만 아니라 다른 사람들까지도 다 폭파시켜 버린다는 뜻이야. 그게 요지야. 그들은 설령 토래 그 내부에 배반자들이 있다고 하더라도, 멈출 수 없는 폭탄을 바랐으니까."

"잘 이해가 가지 않아요."

조지가 고개를 갸우뚱거렸다.

"그 폭탄은 어느 누구도 스위치를 끌 수 없게 만들어져 있어. 바로 스위치 여덟 개의 양자 중첩으로 되어 있기 때문이지. 뇌관은 누군가가 스위치를 눌러서 폭탄이 터지는 걸 막고, 그 회로가 그것이 옳은지의 여부를 확인할 때까지 사실상 어느 스위치가 사용되고 있는지 '결정'하지 못해. 바로 그 순간에 파동 함수가 붕괴되어 무작위로 여덟 개의 가능한 대안들 가운데 하나가 실행되어 버리기 때문이지. 설령, 여덟 개의 스위치를 한 번에 누른다고 해도, 폭탄은 즉시 폭발해 버릴 거야. 그 말은, 폭탄에 무슨 짓을 하든지 폭발해 버린다는 뜻이지."

"리퍼 박사님은 대체 왜 그런 폭탄을 만드신 거죠?"

조지가 험악하게 물었다.

"내가 얼마나 똑똑한지 누군가가 알아주길 바랐거든."

리퍼가 음산하게 말했다.

"그리고 그들이 진짜로 그 지독한 물건을 사용할 줄은 몰랐어. 나한테 그냥 실험일 뿐이라고 말했거든."

"그러면 폭발을 막을 수 없다는 이 양자 역학 폭탄은 대체 어디에 있는데요?"

"나도 몰라!"

리퍼가 당황하며 말했다.

"그게 문제야. 그게 사라져 버렸어!"

"어디로 사라졌는데요?"

"그들이 가져가 버렸어. 그리고 내가 그들의 컴퓨터를 해킹해서 알아낸 사실로 볼 때, 결국 그 폭탄을 사용하려는 것 같아. 에릭은 지금 어디에 있지?"

"에릭 아저씨는 거대 강입자 충돌기에 계세요……."

상황이 얼마나 심각한지 분명해지자, 조지가 천천히 말했다.

"인류를 위해 일하는 과학 탐구단 회의에 참석하시려고요. 탐구단의 정회원 모두가 회의에 참석할 거래요. 전부 소집 명령을 받았대요."

"바로 거기야!"

리퍼가 외쳤다.

"그들이 폭탄을 사용하려는 곳이 바로 거기라고! 그들이 폭탄으로 충돌기를 파괴시키려는 거야. 에릭뿐만 아니라 세계 최고의 과학자들 모두를!"

"하지만…… 하지만…… 하지만 과학 탐구단이 회의를 한다는 걸 그들이 어떻게 알았죠?"

조지는 숨이 막혔다.

"나는 과학 탐구단에 비밀 공작원이 있지 않나, 오랫동안 의심해 왔단다."

리퍼는 이제 빠르게 말하고 있었다.

"토래그에 있는 과학자들 가운데 하나가 과학 탐구단 회원인 게 분명해. 그자가 탐구단을 배신하고 토래그에 밀고했을 게 틀림없어."

"그 사람이 리퍼 박사님이 아닌 건 확실한가요?"

조지가 사납게 물었다.

"나는 탐구단 회원도 아닌걸."

리퍼가 슬프게 말했다.

"그러니 나일 수는 없지. 나는 오래전에 회원 자격을 박탈당했고, 재가입은 허용되지 않았어. 다른 사람이 있어. 정말로 위험한 어떤 사람."

"왜 이제 와서 에릭 아저씨를 도우려고 하세요?"

"조지, 네가 나를 좋지 않게 생각한다는 거, 잘 알아. 하지만 정말로 내가 무엇보다도 사랑하는 건 과학이야. 난 그저 손 놓고 보고만 있을 수 없었어. 수백 년 동안 이루어진 많은 사람의 노력이 탐욕이나 편견으로 행동하는 멍청이들 때문에 물거품이 되는 걸 도저히 두고 볼 수가 없었어. 내가 위험을 무릅쓰고 토래그에 가입한 건 그들을 막기 위해서였어. 내가 여기에 있는 것도 바로 그 때문이란다."

조지는 머릿속으로 열심히 생각했다. 리퍼가 정말로 진실을 말하고 있는 걸까? 만약 그렇다면, 리퍼가 에릭을 없앨 수 있는 치명적인 계략을 숨기지 않고, 심지어 솔직해지기까지 한 것은 이번이 처음일 터였다.

그런데 조지가 잠시 생각에 잠겨 있는 사이, 리퍼에게 어떤 변화가 일어나고 있는 것 같았다.

리퍼의 모습이 점차 희미해지면서, 주위를 감싸고 있는 안드로메다은하의 어둠 속으로 사라지고 있는 듯했다.

"조지."

리퍼가 다급하게 말했다.

"시간이 별로 없는 것 같구나."

입자 충돌

만약 힘이 작용하지 않는다면, 거대 강입자 충돌기 같은 기계 안에서 충돌하는 입자들은 들어갈 때와 똑같은 모습으로 나올 것이다. 힘은 기본 입자들이 충돌할 때 게이지 보손(gauge boson)이라는 특별한 힘 전달 입자들을 방출하고 흡수함으로써 서로에게 영향을 미친다(심지어 다른 입자들로 변화시키기도 한다!).

물리학자들은 파인먼 다이어그램을 이용해서 입자의 충돌을 표현할 수 있다. 그러한 다이어그램들은 입자들이 서로를 산란시킬 수 있는 방법들을 보여 준다. 하나의 파인먼 다이어그램은 그러한 충돌을 일부만 묘사한 것이기 때문에, 어떤 충돌을 완벽하게 묘사하기 위해서는 여러 다이어그램을 합해야만 한다.

아래에 전자 두 개가 접근해서 광자 하나를 교환한 뒤 각자의 길로 가는, 가장 간단한 종류의 다이어그램이 있다. 시간은 왼쪽에서 오른쪽으로 흐르며, 꼬불꼬불한 선은 광자이고, 직선은 전자들('e'로 표시되어 있다.)의 움직임을 보여 준다. 이 다이어그램은 광자가 위에서 아래로 혹은 아래에서 위로 여행하는 모든 경우들을 포함한다(꼬불꼬불한 선이 수직으로 그려져 있는 건 그 때문이다.).

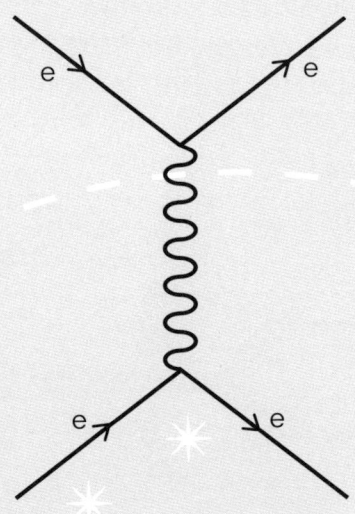

입자 충돌

더 복잡한 과정들은 더 복잡한 파인먼 다이어그램에 한 개 이상의 입자를 갖고 있다. 예컨대, 아래 그림에는 가상 광자 두 개와 가상 전자 두 개가 있다.

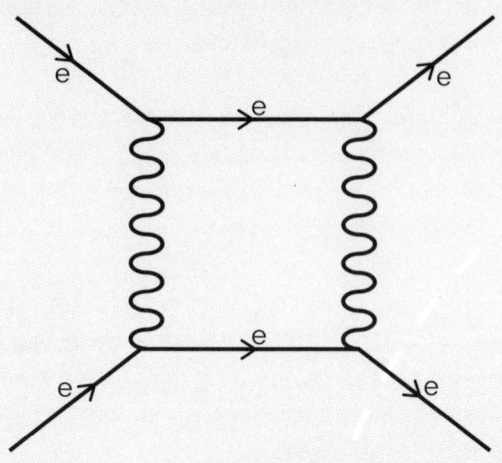

모든 종류의 입자 반응을 완벽하게 묘사하기 위해서는 무한한 다이어그램이 필요하다. 하지만 고맙게도 과학자들은 가장 간단한 다이어그램들만 이용해서 아주 근사한 묘사를 할 수 있다. 아래에 있는 그림으로 광자들이 충돌할 때 거대 강입자 충돌기에서 어떤 일이 일어나는지 표현할 수 있다. 문자 'u'와 'd'와 'b'는 쿼크이고, 'g'는 글루온을 나타낸다.

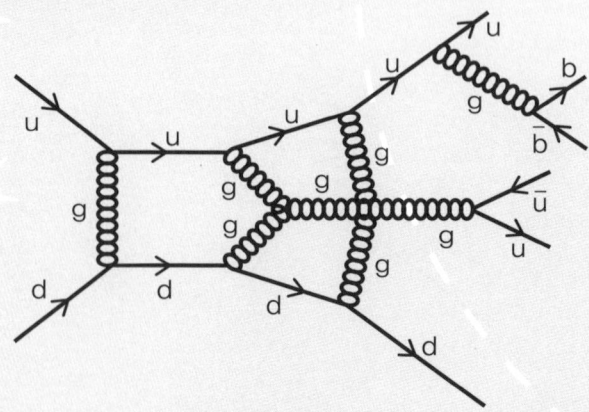

"박사님 모습이 이상해졌어요!"

"지금 난 실제가 아니란다."

리퍼가 매우 빠르게 말했다. 이젠 리퍼의 윤곽이 거의 보이지 않았다. 그저 리퍼의 반짝이는 헬멧과 장화 위에서 반사된 작은 삼각형 모양의 별빛만 보일 뿐이었다.

"난 컴퓨터로 만들어진 아바타(가상 공간에서 자신의 분신처럼 사용되는 그래픽 아이콘)란다. 너와 만날 방법은 이것뿐이었어. 나는 푸키도 에릭도 코스모스도 찾을 수 없게 되자, 너희 집에 몰래 들어가서 아래층에 은밀히 네트워크 장치를 두고 나왔단다. 그 장치를 통해서 푸키가 나를 여기로 보내고, 너를 멀리 수송할 수 있는 출입구를 열게 한 거지."

"리퍼 박사님의 아바타가 충돌기로 가서 그분들한테 직접 말씀하셔도 되잖아요? 왜 저한테 말씀하셨어요?"

"난 충돌기로 들어갈 수 없어!"

리퍼가 뒤틀리는 목소리로 말했다.

"그랬다간 다시는 토래그에서 빠져나올 수 없을 거야."

"양자 역학 폭탄은 어떡하고요?"

조지가 다급하게 물었다.

"방법이 있어! 난 바보가 아니야! 이미 관측해 두었단다! 푸키가 너한테 암호를 보냈을 거야……."

"뭐라고요? 제가 푸키의 암호를 어떻게 사용해요? 제가 어떻게 그 폭탄에서 뇌관을 제거하냐고요?"

그러나 조지가 받은 대답이라고는 리퍼의 음성 전송 장치에서 들려오는 희미한 속삭임뿐이었다.

"조지……."

그러곤 주위가 갑자기 조용해졌다. 리퍼가 서 있던 자리에는 은빛 터널이 또다시 열려, 조지를 빛의 물결 속으로 끌어당겼다.

조지는 상상도 할 수 없는 속도로 비틀리고 돌면서 우주 저편으로 돌진해, 안드로메다에서 우리 은하인 은하수까지 엄청난 거리를 날아갔다. 우리를 에워싸고 있지만 볼 수도 느낄 수도 들을 수도 없는 신비하고 어두운 암흑 물질과 보통 물질로 이루어진 은하수까지.

조지는 이동하는 동안, 불현듯 깨달았다.

"내가 암흑 지역에 갔던 거야."

조지가 혼잣말로 중얼거렸다.

"내가 암흑 지역에 갔던 거였어."

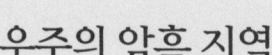

우주의 암흑 지역

우리가 던질 수 있는 가장 간단한 질문 하나는, '세상은 무엇으로 이루어져 있는가?'이다.

오래전, 그리스의 철학자 데모크리토스는 세상의 모든 것은 원자라는 보이지 않는 구성 성분으로 이루어져 있다고 가정했다. 그의 이론은 옳았고, 지난 2000년 넘게 우리는 그 세부 사항들을 채워 왔다.

일상 세계에 있는 모든 물질은 92가지 원자들(주기율표의 원소들, 즉 수소, 헬륨, 리튬, 베릴륨, 보론, 탄소, 질소, 산소를 비롯해서 92번인 우라늄까지)의 조합으로 이루어져 있다. 식물과 동물과 암석과 광물과 우리가 숨 쉬는 공기를 비롯한 지구상의 모든 것이, 이러한 92가지의 구성 성분으로 이루어져 있다. 또한 태양을 비롯해서 우리 태양계에 있는 다른 행성들과 멀리 떨어진 다른 별들도 똑같은 92가지의 화학 원소들로 구성되어 있다는 사실도 우리는 알고 있다.

현대의 우리는 원자들을 매우 잘 이해하고 있으며, 원자들을 마음대로 재배열해서 감자튀김을 비롯한 온갖 종류의 사물을 만들 수도 있다! 화학은 원자들을 이용해서 다른 물질들을 만드는 것을 다루는 과학 분야다. 일종의 '원자들의 레고'라고 할까.

오늘날 우리는 우리 태양계 너머에 훨씬 더 많은 것, 믿을 수 없을 정도로 큰 우주가 있다는 걸 알고 있다. 수십억 개의 별과 행성으로 이뤄진 은하가 수십억 개 모여 구성된 우주가 말이다.

그러면 우주는 무엇으로 이루어져 있을까? 놀라지 마시라. 우리 태양계와 다른 별과 행성들은 원자들로 이루어져 있지만, 우주의 물질 대부분은 그렇지 않다. 우주는 우리가 잘 모르는 매우 이상한 물질(암흑 물질과 암흑 에너지)로 이루어져 있다.

우선 숫자로 보면 전체 우주에서 원자는 4.5퍼센트를 차지하고, 암흑 물질은 22.5퍼센트를 차지하는 반면, 암흑 에너지는 73퍼센트나 된다. 원자들 열 개 중 한 개 정도만 별이나 행성이나 생물의 형태로 존재하며, 나머지는 별과 행성을 만들지 못할 정도로 뜨거운 가스 형태로 존재한다.

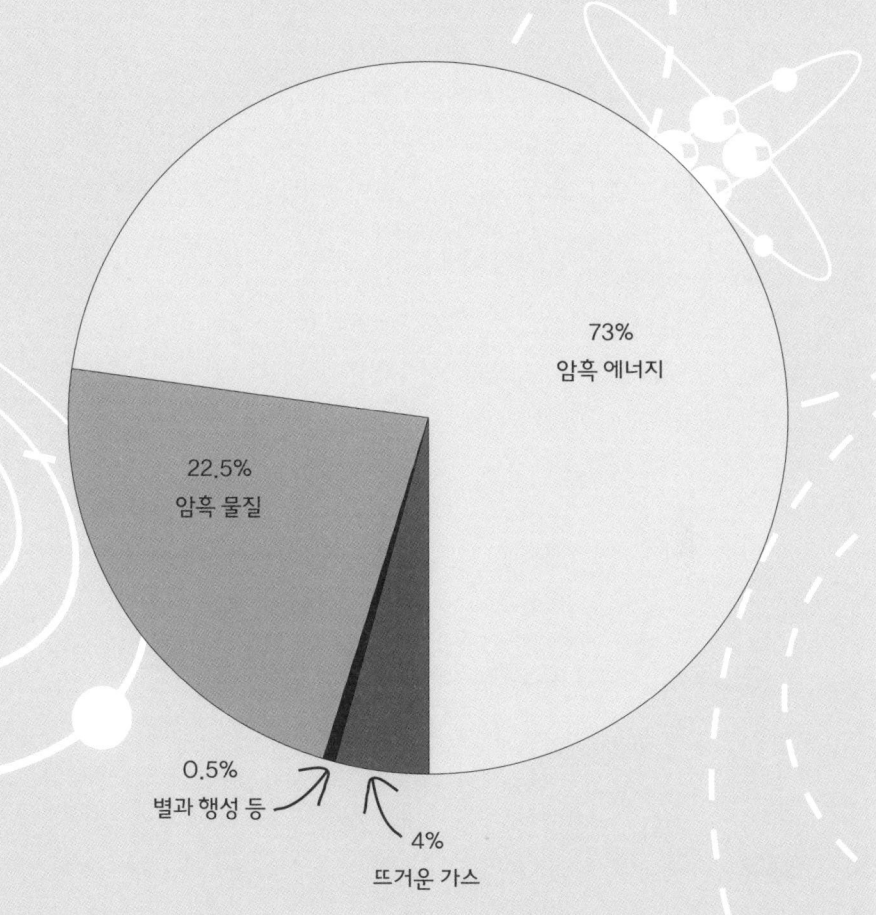

먼저 암흑 물질로 시작해 보자. 우리는 이것이 존재한다는 것을 어떻게 알까? 그것은 무엇일까? 그리고 어떻게 지구나 태양에서는 암흑 물질을 발견하지 못할까?

우리가 암흑 물질이 존재한다는 사실을 아는 이유는 그 중력의 힘이 우리 은하와 안드로메다은하를 비롯해서 우주의 다른 모든 커다란 구조들을 결합시키고 있기 때문이다. 안드로메다은하(그리고 다른 모든 은하들)의 보이는 부분은 막대한(10배나 더 큰) 암흑 물질 구의 한복판에 자리 잡고 있다. 암흑 물질의 중력이 없다면, 은하들 안에 있는 별과 태양계들과 모든 다른 것들 대부분이 우주 공간으로 날아가 버릴 것이다.

아직 우리는 암흑 물질이 무엇으로 이루어져 있는지 정확히 모른다(원자를 생각해 냈지만, 자세한 내용은 몰랐던 데모크리토스와 다를 바 없다.). 지금까지 밝혀진 내용은 다음과 같다.

암흑 물질 입자들은 원자들과 똑같은 부분들(양성자, 중성자, 전자)로 이루어져 있지 않다. 그것은 새로운 형태의 물질이다! 너무 놀라지는 마시라. 모든 다른 원자들을 확인하는 데 거의 200년이 걸렸고, 그 오랜 시간이 흐르는 동안 새로운 형태의 원자 물질이 많이 발견되었다.

암흑 물질은 원자와 똑같은 조각들로 이루어져 있지 않기 때문에, 원자들을 전혀 알아차리지 못한다(그 반대도 마찬가지다.). 더욱이 암흑 물질 입자들끼리도 서로를 알아차리지 못한다. 물리학자는 암흑 물질 입자들이 원자들이나 그 자신들과 매우 약하게 상호 작용한다고 말한다. 이런 사실 때문에 우리 은하와 다른 은하들이 형성되었을 때, 암흑 물질은 매우 크고 널리 퍼져 있는 암흑 물질 헤일로(은하계 주위를 둘러싸고 있는 구 모양의 영역) 안에 그대로 남아 있었던 반면, 원자들은 서로 충돌해서 암흑 물질의 중심에 가라앉아 결국 거의 원자들로만 이루어진 별과 행성들을 만들었다.

별과 행성과 우리가 암흑 물질이 아닌 원자들로 이루어져 있는 까닭은 바로 암흑 물질 입자들의 이런 '소심성' 때문이다.

그럼에도 불구하고, 암흑 물질 입자들은 우리 주변에서 돌아다니고 있다. 웬만한 크기의 찻잔에는 언제라도 암흑 물질 입자 한 개 정도가 있을 수 있다. 훨씬 더 놀라운 사실은, 아인슈타인의 유명한 공식인 $E = mc^2$ 에 따라 에너지를 질량으로 바꿈으로써 입자 충돌기에서 새로운 암흑 물질 입자들을 만드는 것이다.

스위스 제네바에 있는 거대 강입자 충돌기(LHC)는 현재 가장 강력한 입자 충돌기인데, 암흑 물질 입자들을 만들어서 검출하려고 노력하고 있다.

그리고 하늘의 위성들은 헤일로 안에 있는 암흑 물질 입자들이 이따금 충돌해서 보통 입자들을 만들 때 생기는 원자의 조각들을 찾고 있다(입자 충돌기가 하려고 애쓰는 일의 역과정이다.).

만약 이런 방법들 가운데 한두 개가 성공한다면(나는 적어도 하나가 성공하길 바란다.), 원자와 다른 무언가가 우주 안에 있는 물질의 대부분을 이루고 있다는 사실을 확인할 수 있을 것이다. 야호!

그리고 이제 우리는 모든 과학에서 최대 미스터리인 암흑 에너지에 대해서 논의할 준비가 되었다. 이것은 확신하건대 여러분 가운데 하나가 해결해야 할 정도로 중요한 퍼즐이다. 그 문제를 해결하면, 심지어 아인슈타인의 중력 이론인 일반 상대성 이론도 무너뜨릴지 모른다!

우주는 팽창하고 있으며, 빅뱅 이후 지난 137억 년 동안 계속 커졌다는 것을 우리 모두 알고 있다. 에드윈 허블이 80년도 더 전에 우주의 팽창을 발견한 뒤, 천문학자들은 중력에 기인한 팽창의 완화를 측정하려고 애써 왔다. 중력은 우리를 지구에 붙잡아 두고, 모든 행성들이 태양을 공전하게 하고, 일반적으로 우주를 접착시키는 자연의 힘이다. 중력은 인력이므로(이 인력이 사물들을 끌어당기고, 지구에서 발사된 공과 로켓의 속도를 늦춘다.), 우주의 팽창은 다른 물질을 끌어당기는 모든 물질 때문에 늦춰질 것이다.

1998년, 천문학자들은 간단하지만 매우 논리적인 이 아이디어가 아주 완전히 잘못되었다는 것을 깨달았다. 즉 그들은 우주의 팽창이 감속되고 있는 게 아니라 가속되고 있다는 것을 발견한 것이다. (그들은 망원경이 타임머신의 역할을 한다는 사실을 이용해서 이런 발견을 해냈다. 빛이 우주를 가로질러 우리 쪽으로 여행하려면 시간이 걸리기 때문에, 먼 물체를 볼 때 우리는 그것의 오래전 모습을 본다. 허블 우주 망원경을 비롯한 강력한 망원경들을 이용해서, 천문학자들은 우주가 오래전에는 더 느리게 팽창하고 있었다는 사실을 결론지을 수 있었다.)

어떻게 이럴 수 있을까? 아인슈타인의 이론에 따르면, 어떤 물질—암흑 물질보다 훨씬 더 기이한 물질—은 밀어내는 중력을 갖고 있다. ('밀어내는 중력'은 사물들을 끌어당기지 않고 밀어내는 중력으로 매우 이상한 현상이다!) 그것은 '암흑 에너지'라는 이름으로 알려져 있으며, 양자 붕괴만큼 간단하고 여분의 시공 차원들의 영향만큼 기이한 무언가일 수 있다! 아니, 어쩌면 암흑 에너지는 전혀 존재하지 않고, 아인슈타인의 일반 상대성 이론을 더 나은 무언가로 대체해야만 할지도 모른다.

암흑 에너지가 이렇게 중요하게 여겨지는 이유는 이것이 우주의 운명을 좌우하기 때문이다. 바로 지금, 암흑 에너지는 가속 폐달을 밟고 있고 우주는 가속하고 있으므로, 우주가 영원히 팽창해서 약 1000억 년 뒤에는 하늘이 다시 암흑 속으로 빠지게 될 것임을 암시한다.

우리는 암흑 에너지를 완전히 이해하지 못하고 있기 때문에, 그것이 미래의 어느 때에 브레이크를 밟아서 우주를 다시 붕괴시킬 가능성을 배제할 수 없다. 이런 것들은 모두 미래의 과학자들이, 어쩌면 바로 여러분이 탐구해서 이해해야 할 난제들이다.

마이클 S. 터너 박사

13장

굴 속 지하 100미터 아래에 설치된 거대 강입자 충돌기의 주요 통제실에서, 에릭은 아틀라스를 보여 주는 CCTV 스크린 앞에 서 있었다. 아틀라스는 사상 가장 거대한 검출기였고, 그토록 강력한 장비를 만들어 낸 인간을 아주 왜소해 보이게 만드는 어마어마한 기술의 산물이었다.

그러나 그 충돌기를 품고 있는 수 킬로미터 길이의 터널들과, 아틀라스를 비롯한 다른 검출기를 품고 있는 거대한 인공 굴은 이제 출입이 금지되었다. 문도 모두 봉쇄되었다. 거대 강입자 충돌기가 가동되는 동안은 누구도 이 지하 시설이 있는 지역으로 들어갈 수 없었다.

정치가들의 승인까지 받은 이 중대한 실험은 공식 일정에 따르면, 시작하기까지 아직 몇 주일 남아 있었다. 지금은 실제 실험이 시작되기 전에 과학자들이 빠뜨린 사항은 없는지 점검하고 마지막으로 기술적 문제들을 해결하는 최종 연습 시간이었다. 그러나 그동안 모든 것이 순조롭게 진행되어 왔으므로, 이 시험 가동은 이제 실제 가동이나 다름없었다. 광자 빔은 터널에서 이미 초당 1만 1000회가 넘는 속도로 반대 방향으로 회전하면서 초당 6억 회의 충돌을 일으키고 있었고, 아틀라스는 그 충돌 데이터들을 기록하고 있었다.

거대 강입자 충돌기(LHC)

세른(CERN)

유럽 입자 물리학 연구소(European Organization for Nuclear Research)로 알려져 있는 세른(CERN)은 프랑스와 스위스 경계 지역에 있는 국제 입자 물리학 연구소이다.

1990년 세른의 과학자 팀 버너스-리는 입자 물리학자들이 정보를 쉽게 공유할 수 있는 방법으로 월드 와이드 웹(World Wide Web, WWW)을 고안했다. 이제 월드 와이드 웹은 많은 사람들의 일상적인 도구이다!

1954년 9월에 창설된 세른은 기본 입자 연구의 일환으로 이제 60년 넘게 충돌기를 가동시키고 있다.

1983년에, 초양성자 싱크로트론(Super Proton Synchrotron, SPS)은 양성자와 반양성자(양성자의 반물질 형태)를 충돌시켜서 약한 핵력을 전달하는 W와 Z 입자를 발견했다. SPS는 지름이 수 킬로미터인 원형 터널 안에 건립되어 있으며, 오늘날 거대 강입자 충돌기에 양성자를 공급하고 있다.

땅을 파기 시작한 지 3년 후인 1988년에, 거대 전자-양전자 충돌기(Large Electron-Positron collider, LEP)를 보관할 지름 27킬로미터의 새로운 원형 터널이 100미터 지하에 완성되었다. LEP는 전자와 양전자(전자의 반물질 형태)를 충돌시켰다.

1998년에, 거대 강입자 충돌기의 검출기 굴을 파는 작업이 시작되었다. 거대 전자-양전자 충돌기는 동일한 터널에 있는 이 새로운 충돌기에 자리를 내주기 위해 2000년 11월에 가동이 중단되었다.

거대 강입자 충돌기는 2008년 9월에 처음으로 가동되었다가 중단되어 2009년 2월에 다시 가동되었다.

거대 강입자 충돌기(LHC)

거대 강입자 충돌기(LHC)

세계 최대의 입자 충돌기이다.

거대 강입자 충돌기의 27킬로미터 원형 터널을 따라 빔파이프가 두 개 있으며, 각각 반대 방향으로 움직이는 양성자 빔을 운반한다. 마치 거대한 전자기 경주장 같다!

빔파이프의 내부는 우주 공간의 진공과 똑같은 진공을 만들기 위해 거의 모든 공기가 배출되었기 때문에, 양성자들은 공기 분자들과 충돌하지 않고 움직일 수 있다.

터널이 휘어져 있기 때문에, 터널 주위로 1,200개가 넘는 강력한 자석들이 양성자들의 경로를 휘게 해서 파이프의 벽에 부딪히지 않게 한다. 자석들은 초전도성을 지니고 있어서, 에너지 손실을 매우 적게 하면서 매우 큰 자기 마당을 만들 수 있다. 이렇게 하려면 액체 헬륨을 이용해 초전도 자석들을 우주 공간보다도 낮은 섭씨 –273도까지 냉각시켜야 한다!

거대 강입자 충돌기의 중심은 지상에서 가장 활기 없는 장소이다!

거대 강입자 충돌기에는 약 9300개 정도의 자석이 있다.

각 양성자는 고리를 초당 최대 11,245 바퀴 돌면서 광속의 99.99퍼센트가 넘는 속도로 움직일 것이다. 양성자들 사이에는 초당 최대 6억 회의 충돌이 있을 것이다.

거대 강입자 충돌기는 양성자뿐만 아니라 납 이온들(납 원자들의 핵)도 충돌시키도록 설계되어 있다.

그리드(Grid)

충돌 때마다 약 1메가바이트(MB)의 데이터가 나오므로, 거대 강입자 충돌기의 검출기들은 심지어 가장 현대적인 메모리 장비가 감당하기에도 버거운 많은 데이터를 생산한다. 컴퓨터 알고리즘은 가장 흥미로운 충돌 사건들만 선별하고, 99퍼센트 이상의 나머지 데이터는 폐기된다.

그렇다 하더라도, 한 해 동안 거대 강입자 충돌기에서의 충돌로 생긴 데이터는 1,500만 기가바이트(GB)가 될 것으로 예상된다(200기가바이트 하드 드라이브가 있는 PC 75,000대를 가득 채울 것이다.). 여기서 대량 메모리 장치와 데이터 처리 문제가 발생한다. 특히 그 데이터를 필요로 하는 물리학자들이 전 세계에 퍼져 있기 때문이다.

메모리 장치와 데이터 처리는 인터넷으로 다른 나라에 있는 컴퓨터에 신속하게 데이터를 전송하는 방법으로 공유된다. 이러한 컴퓨터들은 세른의 컴퓨터들과 함께 전 세계 거대 강입자 충돌기 컴퓨팅 그리드를 형성한다.

거대 강입자 충돌기(LHC)

검출기

거대 강입자 충돌기는 지하 동굴의 터널 주위로 각각 다른 지점에 자리 잡은 네 대의 주요 검출기를 갖고 있다. 두 빔이 검출기 굴이 자리 잡은 고리의 네 지점에서 충돌할 수 있도록 특수 자석이 사용된다.

아틀라스(ATLAS)는 여태까지 건립된 검출기 중 가장 큰 입자 검출기이다. 길이와 높이와 너비가 각각 46미터, 25미터, 25미터이며 7,000톤이 나간다. 이 검출기는 입자들의 이동을 추적해 에너지를 기록함으로써 고에너지 충돌로 생산되는 입자들의 정체를 확인할 것이다.

뮤온 압축 솔레노이드(Compact Muon Solenoid, CMS)는 다른 설계를 이용해서 아틀라스와 유사한 과정들을 연구한다(다르게 설계된 두 검출기가 있으므로 발견을 확인하는 데 도움이 된다.). 이것은 길이와 높이와 너비가 각각 21미터, 15미터, 15미터이지만, 무게는 14,000톤으로 아틀라스보다 더 무겁다.

거대 이온 충돌기 실험 장치(A Large Ion Collider Experiment, ALICE)는 특히 납 이온들을 충돌시켜서 만들어진 쿼크-글루온 플라스마를 탐색하도록 설계되어 있다. 이 플라스마는 빅뱅 직후에 존재했던 것으로 생각된다. 이 장치는 길이와 높이와 너비가 각각 26미터, 16미터 16미터이며 약 1만 톤이 나간다.

거대 강입자 충돌기b(Large Hadron Collider-beauty, LHCb) - 이 실험 장치의 이름 속에 있는 'beauty'는 이 충돌기가 연구하도록 되어 있는 아름다운 것, 즉 b 쿼크(이 쿼크는 아름다운(beauty) 쿼크 혹은 바닥(bottom) 쿼크라고 불린다.-옮긴이)를 나타낸다. 목적은 물질과 반물질의 차이를 분명히 하는 것이다. 이것은 길이와 높이와 너비가 각각 21미터, 10미터, 13미터이며 5,600톤이 나간다.

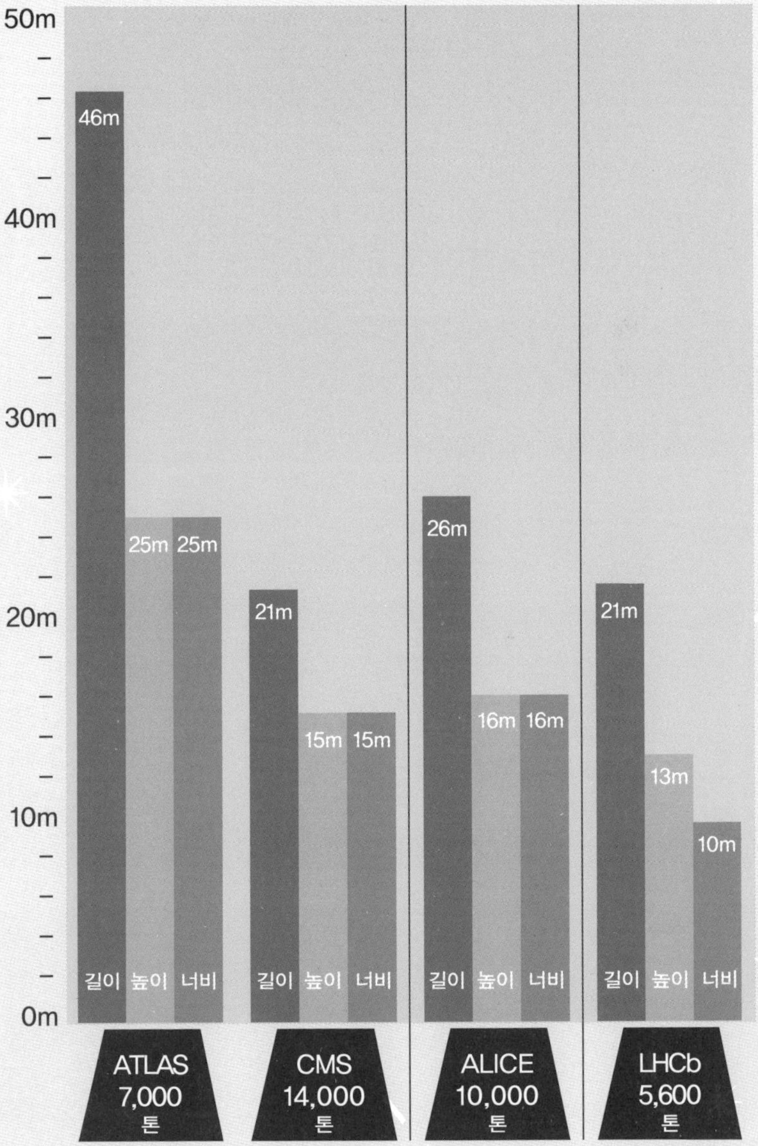

50m			
46m		26m	21m
40m			
30m			
25m 25m			
20m	21m		
	15m 15m	16m 16m	13m
10m			10m
길이 높이 너비	길이 높이 너비	길이 높이 너비	길이 높이 너비
0m			
ATLAS 7,000 톤	CMS 14,000 톤	ALICE 10,000 톤	LHCb 5,600 톤

거대 강입자 충돌기(LHC)

새로운 발견들

입자 물리학의 표준 모형은 기본 힘들과 그 힘들을 전달하는 입자들, 그리고 3세대의 물질 입자들을 묘사한다.

그러나……

우주의 단 4.5퍼센트만이 우리가 아는 유형의 물질로 이루어져 있다. 나머지(암흑 물질과 암흑 에너지)는 무엇으로 만들어져 있을까?

기본 입자들은 왜 질량을 갖고 있을까? '신의 입자'라고 불리던 힉스 입자가 2012년 거대 강입자 충돌기 실험으로 처음 존재가 증명되면서 이를 설명할 수 있게 되었다.

우주는 왜 반물질보다 물질을 더 많이 포함하고 있을까?

빅뱅 직후 잠시 동안은 쿼크와 글루온들이 굉장히 뜨거웠기 때문에 결합해서 양성자와 중성자를 만들 수 없었다. 우주는 쿼크-글루온 플라스마라는 이상한 상태의 물질로 가득 채워져 있었다. 거대 강입자 충돌기가 이 플라스마를 다시 만들 것이며, 거대 이온 충돌기 실험 장치가 그것을 검출해서 조사할 것이다. 이런 방식으로 과학자들은 강한 핵력과 우주의 발달에 대해서 더 많이 알게 되기를 바란다.

새로운 이론들은 중력을 (그리고 공간과 시간을) 이미 다른 힘들과 아원자 입자들을 묘사하는 양자 이론으로 통합시키려고 애쓰고 있다. 이 이론 중 일부는 친근한 4차원 시공보다 더 많은 차원이 있을 거라고 암시한다. 만약 그런 게 존재한다면 거대 강입자 충돌기에서의 충돌들이 이러한 '여분의 차원들'을 보게 해 줄 것이다!

은하계

바람개비 은하.
우리 은하 크기의
거의 두 배 정도 크기이다.

합병하고 있는 한 쌍의 은하.
지구에서 6200만 광년 정도
떨어져 있는 안테나 은하.

꼭 모자처럼 보이는
솜브레로 은하.
중심에 블랙홀이
있는 것으로 생각된다.

은하계

은하계

250광년 떨어져 있는 안드로메다은하.
왼쪽 사진은 이중 핵을 보여 준다.

은하계

은하수. 아치스 성단의 깊숙한 곳을 보여 주는 상상도.

은하계

은하계

소용돌이 은하의 전혀 다른 두 모습.

초기 우주에서 우리 은하인 은하수(왼쪽)와 극소형 은하(오른쪽)의 상대적 크기.
두 은하는 동일한 수의 별들을 갖고 있다.

은하계

나선 은하들의 형성기.
지구에서 다양한 거리만큼 떨어져 있는 막대 나선 은하 네 개를 볼 수 있다.

64억 광년

53억 광년

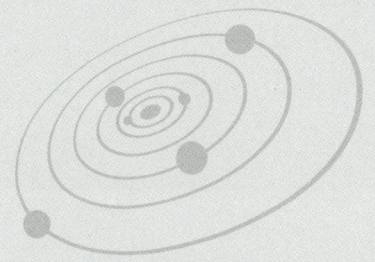
38억 광년

21억 광년

은하계

우주의 기이한 모습. 나선 은하 주위로 300광년이나 뻗어 있는 가스 줄기에서 유일하게 보이는 한니의 물체.
한니의 물체란 네덜란드의 여교사 한니 반 아르켈이 발견한 의문의 천체이다.

그 중대한 실험이 순조롭게 가동되고 있으니 가장 기뻐할 사람은 에릭인데도, 정작 그는 외롭고 낯선 시간을 보냈다. 동료와 친구들은 속으로는 에릭을 동정했지만 겉으로는 냉담하게 굴었다. 탐구단이 에릭의 이름 위에 떠도는 먹구름을 거두어 낼 때까지, 에릭은 사람들이 회피하는 논란의 인물이었다.

에릭은 동료들이 등 돌린 것보다, 연구에서 따돌려지고 있다는 사실이 더 괴로웠다. 현재 준비 중인 실험들은 물리학의 중대한 물음들에 해답을 밝혀낼 수 있을 정도로 중요했다. 그러나 만약 이 회의가 그에게 불리하게 흘러가 과학 탐구단에서 퇴출된다면, 에릭은 이곳을 즉시 떠나야 할지도 몰랐다. 이곳에 남아 과학 역사상 빅뱅 이후 가장 중요한 순간을 목격하지 못할지도 몰랐다. 실험 결과가 어떻게 나오든, 그 데이터를 볼 수 없을 것이다. 그리고 믿을 수 있고 책임감 있는 동료로 다시 인정받을 때까지, 에릭은 과학계 언저리에서 고독하고 의심스러운 사람으로 남아 있을 터였다. 에릭은 자신이 오래전에 리퍼 박사에게 한 일이 바로 이런 일이 아니었을까 하고 생각했다. 리퍼가 동료들 모두에게 험담을 듣고 거절당하는 신세가 되었을 때 이런 기분이었을까? 에릭은 무엇보다도 자신이 사랑하는 일을 하지 못하고 멀리 떨어져서 보낼 미래를 생각하자 기분이 한없이 우울해졌다.

갑자기 에릭의 무선 호출기가 삑삑거렸다.

오늘 밤 19시 30분에 회의 개최 확정. 지하 통제실.

번득이는 글자들이 이렇게 말해 주었다. 에릭은 침을 꿀꺽 삼켰다. 마침내 그의 운명이 결정될 것이다.

에릭은 벌써 한참을 기다리고 있었다. 과학 탐구단의 회원 전원이 이곳에 도착하기까지, 처음에 예상한 시간보다 더 오래 걸렸다. 에릭 옆에는 코스모스조차 없었다. 슈퍼컴퓨터는 에릭이 스위스에 도착해 작은 제트기에서 활주로로 내려서자마자 압수당하고 말았다. 달에서 에릭과 조지를 발견했던 중국의 과학자 링 박사가 비행장에서 기다리고 있었다.

"벨리스 교수님, 죄송하지만 코스모스를 당장 넘겨주셔야겠습니다."

밤하늘에서 장대 같은 빗줄기가 쏟아지고 있었다. 링 박사는 에릭과 눈도 맞추지 못한 채 말했다.

"코스모스는 어떻게 되는 거죠?"

에릭이 걱정스럽게 물었다.

"그리드가 코스모스를 인터뷰할 겁니다. 교수님께서 슈퍼컴퓨터를 보관하는 동안 코스모스가 한 모든 활동을 그리드가 조사할 겁니다."

에릭의 머릿속에 프레디의 모습이 스치고 지나갔다. 그리드는 거대 강입자 충돌기의 데이터를 분석하는 막대한 컴퓨터 네트워크였다. 에릭은 그리드가 코스모스와 자신이 돼지를 어떤 농장에서 평화로운 시골로 수송한 일을 알아내지 않을까 생각했다. 에릭과 조지가 최근에 달에 간 일, 또 아이 한 명이 아니라 둘을 데리고 우주 여기저기를 돌아다닌 일은 말할 것도 없고 말이다.

그리드는 세상에서 가장 강력한 컴퓨터들 가운데 하나였지만, 코스모스와는 사뭇 달랐다. 코스모스한테는 그리드에게는 없는 특별한 능력이 있었다. 바로 사용자의 감정을 읽을 수 있어서 문제를 독창적으로 해결한다는 점이었다. 반면에 그리드는 그 명성에도 불구하고, 자신의 엄밀한 규칙들을 무시하고 서로 다른 정보 조각들을 직관적으로 연결시킬 수가 없었다. 따라서 에릭은 공명정대한 경쟁에서는 아무리 거대한 컴퓨터라도 작고 똑똑한 코스모스를 절대로 당해 내지 못하리라는 걸 잘 알았다. 그러나 그렇다고 하더라도, 에릭은 이 작은 친구와 헤어져 그렇게 힘든 일을 겪게 해야 한다는 사실이 슬펐다.

에릭은 주요 통제실에서 기다리고 있다가 시계를 보았다. 회의에서 그의 운명이 결정될 때까지 이제 얼마 남지 않았다. 에릭은 아직도 어쩌다 일이 이 지경까지 이르게 되었는지 당황스러웠다. 달에서 찍힌 사진이 정말로 그렇게 잘못된 일일까? 그게 정말로 탐구단이 비상 회의를 소집할 정도로 심각한 일이었을까? 별거 아닌 일을 괜히 크게 벌인 건 아닐까?

그때 어떤 과학자가 에릭의 시선을 피하면서 거만하게 옆으로 지나갔다.

에릭이 그를 멈춰 세웠다.

"혹시 주주빈 교수님도 회의에 오셨나요?"

에릭이 초조하게 물었다. 어쩌면 그는 옛 스승을 설득해서 그 사건을 편한 시각으로 보게 할 수 있을지도 몰랐다. 다시는 이런 일을 하지 않겠다고 약속한다면, 어쩌면 주주빈이 탐구단에게 에릭을 관대하게 처리해 달라고 부탁하지 않을까?

"주주빈 교수님이요?"

과학자가 되물었다.

"그분은 가셨는데요."

"가셨다고요?"

에릭이 놀라서 외쳤다.

"하지만 저는 이 회의를 소집하신 분이 바로 그분이라고 생각했는데요! 이 회의 결과가 주주빈 교수님한테 굉장히 중요할 텐데, 왜 머물지 않으셨을까요?"

그러나 과학자는 에릭에게 대답도 하지 않고 훌쩍 가 버렸다.

에릭은 또다시 홀로 생각에 잠겼다.

뭔가 크게 잘못된 게 분명했다. 회의가 너무 신속하게 결정되었고, 회의를 소집한 근거도 너무 빈약

했다. 책임을 맡고 있는 듯이 보이던 주주빈은 갑자기 사라져 버렸고, 코스모스는 그리드에게 철저히 조사받고 있었다. 에릭은 문득 일이 이런 식으로 돌아가면 안 된다는 사실을 깨달았다. 무언가가 매우 잘못되었다. 하지만 자신이 무엇을 할 수 있을까?

에릭은 자신의 휴대 전화를 쳐다보았다. 화면이 들어오지 않았다. 심지어 여기 주요 통제실에서도 그리드의 강력한 차단 신호 때문에 오직 내부 호출 시스템이나 거대 강입자 충돌기 전화 네트워크만 사용할 수 있었다. 그를 확실하게 믿어 줄 사람은 조지뿐이었지만, 지금처럼 어렵고 난처한 상황에 어린아이를 끌어들일 수는 없었다.

에릭은 한숨을 쉬면서 배터리가 닳기 전에 전화기의 전원을 꺼 놓는 게 좋겠다고 생각했다. 그는 통제실 주변을 잠시 더 서성거렸지만, 갑자기 더는 참을 수 없을 것만 같았다. 이제 한 가지 방법밖에 없었다. 동료들의 적의와 의심에 찬 눈길도 견딜 수 없었고, 아무 일도 하지 않고 고립된 것도 진절머리가 났다. 그리고 자신의 의견이 완전히 무시되는 데에 좌절감마저 들었다. 에릭은 좀 거닐면서 마음을 달래 보기로 결심했다.

14장

 조지는 은빛 터널에서 튀어나와 침실 바닥에 배를 대고 미끄러지면서 착륙했다. 바닥에 엎드려 숨을 헐떡이던 조지는 소행성에 있을 때처럼 혼자가 아님을 깨달았다. 이번에는 운동복을 입은 두 사람이 그를 기다리고 있었다. 조지는 빙그르르 돌아 등을 대고 누웠다. 우주 헬멧의 안면 유리 너머로, 흐릿하게 비치는 두 얼굴이 조지를 빤히 내려다보고 있었다. 두 얼굴은 곡면 거울 때문에 비틀려 보였다. 한 명은 금발 머리로, 파란 눈에 걱정이 가득 담겨 있었다. 다른 한 명은 삐죽삐죽 튀어나온 검은 머리에, 완전히 놀란 표정을 짓고 있었다.

 "조지."

 둘 가운데 작은 형체가 조지를 흔들었다.

"돌아왔구나! 넌 혼자 가지 말았어야 했어!"

이 사람들은 누구지? 조지는 그들이 누군지 알아내려고 안간힘을 썼다. 한때 이상한 꿈속에서 만났던 것 같지만, 그들을 어떻게 왜 아는지 더는 기억이 나지 않았다. 조지는 눈앞에서 불빛이 흔들리는 동안, 머릿속으로 휙휙 지나가는 다채로운 구름 속에서 무언가 의미 있는 생각들을 떠올려 보려고 애를 썼다. 그러나 그런 생각들을 부여잡고 대체 무슨 일이 벌어지고 있는지 알아내기도 전에, 모두 희뿌연 연기 속으로 사라지는 듯했다.

형체가 큰 사람이 우주 장갑을 낀 조지의 손을 잡아 몸을 일으켜 세워 주었다. 그러나 조지는 일어설 수가 없었다. 온몸의 뼈가 녹아내리고, 근육들이 흐느적거리는 기분이었다.

"정신 차려!"

큰 형체가 바닥으로 주저앉는 조지를 부축하면서 말했다. 소용돌이치는 은빛 터널이 눈앞에서 빙글빙글 도는 동안, 조지는 어찔어찔한 현기증을 느꼈다.

"대체 어디를 갔던 거야? 저건 또 뭐고?"

조지는 어렴풋이 보이는 주위를 둘러보았다. 출입구는 닫혔고, 푸키가 꼼짝도 않고 조용히 앉아 있는 것을 가까스로 알아보았다. 혼란스러운 머릿속에서 확실한 건 이 두 가지뿐인 듯했다. 형체가 큰 사람이 조지를 번쩍 안아 침대에 눕혔다. 조지는 여전히 우주복을 입고 산소 탱크를 등에 멘 채로 불편하게 누워 있었다. 어떤 손이 그의 우주 헬멧의 죔쇠를 풀고 벗기더니, 땀에 푹 젖은 조지의 얼굴을 이불 끝자락으로 닦아 주었다.

"물!"

작은 형체가 소리쳤다.

"조지한테 물을 갖다 줘!"

다른 사람이 방에서 쏜살같이 나가 머그잔에 물을 담아 들고 돌아왔다.

"자, 이걸 마셔."

그가 조지의 입 속으로 몇 방울을 떨어뜨렸다.

작은 사람이 조지의 우주 장화를 벗기려고 애쓰고 있었다.

"조지! 나야, 애니. 빈센트, 나 좀 도와줘! 우주복을 벗겨야 해."

애니가 외쳤다.

두 사람이 각각 장화 한 짝씩 맡아서 죔쇠를 풀고 잡아당겼다. 그러다 조지의 발이 무거운 장화에서 쑥 빠지는 순간, 두 사람 모두 뒤로 벌러덩 나자빠지고 말았다. 하지만 두 사람은 지체 없이 벌떡 일어나 다시 조지에게로 달려갔다. 조지는 점점 더 상태가 악화되는 듯했다. 얼굴은 백짓장처럼 새하얗게 변해 있었고, 양 볼에는 울긋불긋하게 반점들이 나타났다. 그리고 눈동자는 빙글빙글 돌 뿐, 초점을 맞추지 못했다.

"대체 무슨 일이 일어난 거지?"

애니가 조지를 일으켜 앉히고 등에서 산소 탱크를 빼내는 동안, 빈센트가 소리쳤다.
"우주복 지퍼를 열어!"
애니가 다그쳤다.
빈센트가 우주복의 지퍼를 열고 조지의 두 팔을 빼냈다.
"일어서."
빈센트는 조지가 우주복을 벗을 수 있도록 일으켜 세우면서 말했다. 조지의 셔츠와 청바지가 드러났다.
조지는 마치 몸에 뼈가 하나도 없는 사람처럼 흐느적거리며 빈센트의 품으로 픽 쓰러졌다. 빈센트는 조지를 조심스럽게 다시 침

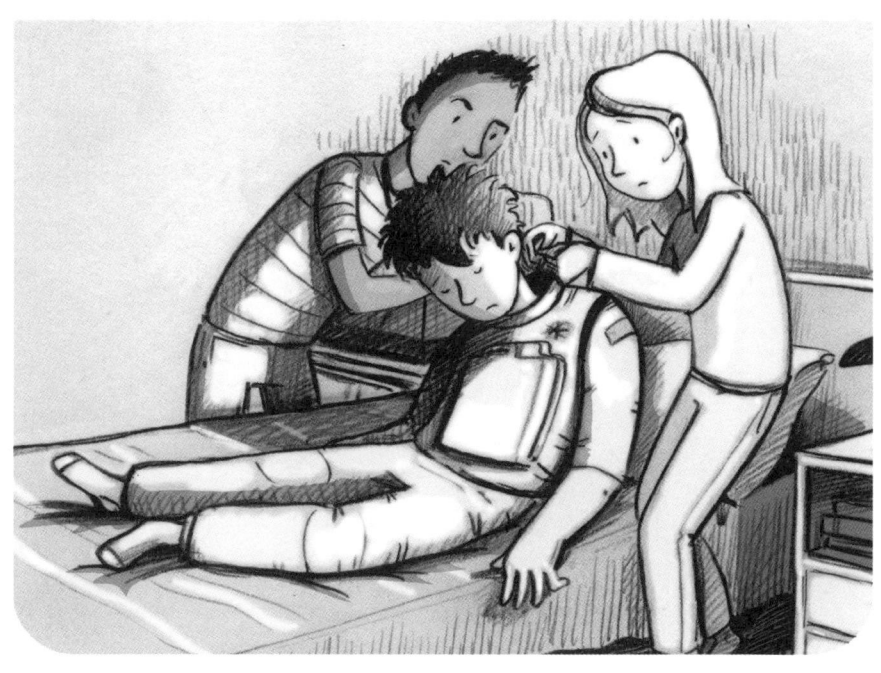

대에 눕히고는, 바닥에서 찾아낸 티셔츠로 또다시 땀범벅이 된 조지의 얼굴을 닦아 주었다.

"우주복! 우주복을 이리 줘!"

애니가 소리쳤다.

빈센트가 무거운 우주복을 휙 던지자, 애니는 호주머니들을 살살이 뒤지기 시작했다.

"그게 어디에 있지?"

애니가 중얼거렸다.

"조지의 표정이 썩 좋아 보이지 않아."

빈센트가 걱정스럽게 말했다.

"의사를 부를까?"

애니가 우주복의 호주머니들을 뒤지다 말고 고개를 들었다.

"그래서 뭐라고 말하려고?"

애니가 절망적으로 물었다.

"우리 친구가 우주에서 막 돌아왔는데 상태가 좋지 않다고? 조지가 승인받지도 않은 위험한 출입구로 나가 우주여행을 했다는 걸 어떻게 설명할 수 있겠어?"

애니는 흥분해서 목소리가 높아졌다. 이제 조지의 입에서 초록빛 침이 흘러나와 턱 밑으로 뚝뚝 떨어졌다.

"도와줘!"

애니가 놀라서 외쳤다.

"우주 구조약을 찾아야 해. 틀림없이 여기 주머니 어딘가에 있을 거야."

빈센트가 침대에서 내려와 우주복의 다른 쪽을 잡고는, 여기저기 만져 보면서 깊숙한 곳에 있는 무언가를 찾으려고 애썼다.

"이거니?"

빈센트가 팔에 있는 호주머니에서 작은 플라스틱 병 하나를 찾아냈다. 그 병에는 체리빛 붉은 글씨로 '우주 구조약'이라고 쓰여 있었다. 빈센트가 라벨에 붙어 있는 글을 소리 내어 읽었다.

"우주 구조가 필요하십니까? 힘든 우주 경험을 하셨습니까? 구토? 시력 상실? 흐느적거리는 근육? 탈모?"

빈센트가 조지를 초조하게 쳐다보았다. 다행히 머리털은 아직 하나도 빠지지 않은 것 같았다.

"이리 줘!"

애니가 소리쳤다.

"이걸 먹어 본 적 있니?"

빈센트가 병을 쥔 채 의심스러운 눈초리로 말했다.

"난 그 약이 필요한 적이 한 번도 없었어. 하지만 아빠가 우주여행 뒤에는 후유증이 있을 테니 이걸 늘 갖고 다니라고 했어."

빈센트는 약병을 애니에게 휙 던졌다. 이제 조지는 격렬하게 발작을 일으키고 있었다. 애니가 작은 약병에 든 액체 몇 방울을 조지의 입 속으로 부드럽게 떨어뜨렸다. 마비된 조지의 입술 사이로, 황갈색 액체가 조금 흘러나왔다. 조지의 입술은 새파랗게 변하고 있었다.

"제발 이 약이 효과가 있어야 할 텐데."

애니가 중얼거렸다. 애니는 조지의 입 속으로 약을 몇 방울 더 넣었다.

"복용량은 확인했니?"

빈센트가 애니에게 물었다.

"괜찮아. 이 병에는 딱 1회 복용량만 들어 있으니까 지나치게 먹을 염려는 없어. 아빠가 그렇게 말했어."

애니가 말하는 동안, 조지의 입술이 다시 분홍빛으로 돌아오기 시작했고, 울긋불긋 반점들이 생긴 새하얀 얼굴은 평상시의 건강한 빛으로 변했다. 우주 구조약이 온몸으로 퍼지면서 조지의 숨소리도 가쁜 숨에서 부드러운 호흡으로 느려졌다. 조지는 눈꺼풀을 파르르 떨더니, 점차 우주여행의 후유증에서 회복했다.

"아, 조지!"

애니가 감정을 이기지 못하고 와락 울음을 터뜨렸다. 빈센트가 다가와 애니를 안으려는 순간, 조지가 눈을 떴다.

"대체 무슨……?"

조지가 중얼거렸다.

그 소리에 애니와 빈센트가 화들짝 놀라서 떨어지고는, 침대 양쪽으로 달려갔다.

"조지! 정신이 들었구나!"

애니가 조지의 볼에 살짝 입을 맞추었다.

조지는 여전히 머리가 지끈거렸다.

"애니……? 너니?"

조지가 떨리는 목소리로 말했다.

"그래, 나야!"

애니가 신이 나서 외쳤다.

"그리고 빈센트도 있어."

애니가 덧붙였다.

"우리가 너를 구했어! 네가 우주복을 입고 이상해 보이는 터널을 지나와서는 발작을 일으키기 시작했거든."

"내가 발작을 일으켰다고?"

조지가 애니의 말을 되풀이해 말했다. 그는 이제 점점 기운이 나는 듯했다. 조지는 일어나 앉아서 자신의 침실을 둘러보았다.

"네가 초록빛 침을 흘리고 있었어. 눈은 미친 사람처럼 풀려 있었고 말이야."

빈센트도 거들었다.

조지는 다시 침대에 드러누워 눈을 감았다. 정말 이상한 일이었다. 그동안 일어났던 일을 기억해 내려고 애썼지만, 떠오르는 기억이라곤 혼수상태에서 깨어났을 때, 애니가 빈센트를 안고 있던 모습뿐이었다.

"조지, 대체 어디에 갔었니?"

애니가 다급하게 물었다.

"우리도 없이 우주에 가서 대체 무슨 일을 한 거야?"

"우리라고?"

"나와 빈센트 말이야."

이제 조지가 무사한 걸 알자, 애니가 다소 성마르게 말했다.

"네가 기다렸다면 우리도 함께 갔을 거야. 네가 전화를 끊자마자 부리나케 여기로 달려왔단 말이야."

"우리 집에는 어떻게 들어왔어?"

조지는 아직 우주에서 겪은 일을 떠올릴 정도로 회복되지 않았다. 당장 주변에서 일어나는 일만 생각할 수 있을 뿐이었다.

아래층에서 들려오는 울음소리가 그 물음에 답해 주었다.

"너희 엄마와 쌍둥이가 있잖아. 데이지 아줌마가 문을 열어 주셨어."

애니가 말했다.

"설마 우리 엄마도 아셔? 우주의 문에 대해서?"

조지가 다시금 겁에 질려 벌떡 일어나 앉으며 물었다.

"아냐, 아줌마는 아기들 때문에 너무 바쁘셔. 쌍둥이들이 너무 시끄럽게 해서 아마 아무 소리도 듣지 못하셨을 거야."

애니가 차분히 설명했다.

"자, 이거 마셔."

빈센트가 조지에게 물이 담긴 머그잔을 건넸다.

조지는 엉겁결에 한 모금을 꿀꺽 마셨다가 하마터면 도로 내뱉을 뻔했다.

"이게 뭐지?"

조지가 불쾌한 표정으로 말했다.

"아, 미안. 양치질용 머그잔이야. 가장 먼저 손에 잡힌 게 그거였거든."

빈센트가 멋쩍게 웃었다.

"어서, 어서, 조지, 생각해 봐!"

애니가 다그쳤다.

"대체 어디를 갔었어? 대체 왜 갔던 거야?"

조지는 갑자기 정신이 번쩍 들었다. 모든 게 갑자기 또렷하게 생각이 났다.

"아, 정말 대단한 여행이었어……."

조지는 감회에 젖은 말투로 천천히 말했다. 그러고는 애니와 빈센트를 바라보면서 어떤 이야기부터 해야 할지 잠시 고민하다가 이윽고 결심한 듯 입을 열었다.

"빈센트, 내가 널 믿어도 될까?"

"당연히 믿어야지, 무슨 소리야."

애니가 한쪽 팔로 조지를 감싸 안으면서 말했다.

"지금 빈센트가 이걸 다 보았는데 어떡할 거야. 그리고 네 목숨을 구하게 도와주었잖아. 그냥 우리한테 말해, 조지. 대체 저 밖에서 너한테 무슨 일이 있었니?"

조지는 잠시 생각했다. 여기엔 감정 이상의 문제가 걸려 있었다. 조지는 빈센트를 아주 좋아하지는 않았지만, 빈센트는 여기에 있었고 분명히 모든 것을 알고 있었다.

조지는 크게 심호흡을 한 번 했다.

"리퍼 박사님을 만났어."

조지가 말했다.

"그러니까 리퍼 박사님이 거기서 너를 기다리고 있었구나."

"그자가 바로 그 비굴한 자식이지?"

빈센트가 손을 뻗어 조지의 양치질용 머그잔에 든 물을 한 모금 들이키면서 말했다.

"음, 그래. 리퍼 박사님이 나를 안드로메다에 있는 어떤 소행성으로 데려갔어."

"안드로메다라고?"

애니가 놀라서 날카로운 소리로 외쳤다.

"우아! 난 그렇게 멀리까지 가 본 적이 없는데."

애니의 목소리가 질투하는 듯이 들렸다.

"가지 않는 게 좋을 거야."

조지가 얼굴을 찡그렸다.

"아마 푸키의 출입구는 어떤 안전 검사도 통과하지 못할 게 틀림없어."

"자식, 너 진짜 터프가이 같았어. 의지가 정말 대단해!"

빈센트가 감탄스러운 눈초리로 말했다.

"어, 고마워."

조지가 쑥스러워하며 말했다.

바로 그때, 조지의 엄마가 문을 노크하더니 빼꼼히 머리를 들이밀었다.

"내가 브로콜리와 시금치 머핀을 조금 가져왔단다!"

데이지가 방으로 접시를 건네주었다.

"고맙습니다, 아줌마."

애니가 얼른 접시를 받고는, 또다시 터져 버린 쌍둥이의 성난 울음소리에 데이지가 아래층으로 사라질 때까지 문간을 가로막고 있었다.

"정말 맛있어 보여요! 잘 먹겠습니다!"

애니가 데이지의 뒤에 대고 큰 소리로 말했다.

늘 배고픈 빈센트가 환호성을 지르며 머핀 접시로 달려들었다. 그런데 머핀의 맛을 보자, 빈센트의 표정이 기쁨에서 놀라움으로 바뀌었다.

"맙소사!"

빈센트는 머핀을 한입 가득 물고는 탄성을 질렀다.

애니는 빈센트가 데이지의 요리에 대해서 어떤 무례한 말을 하기 전에, 그를 세게 걷어차 버렸다. 애니와 조지가 데이지의 요리에 대해 농담하는 것은 괜찮지만, 빈센트가 조지의 엄마를 놀리도록 놔둘 수는 없다는 생각이 문득 들었기 때문이다.

"난 그냥 이게 힘이 불끈 솟게 하는 맛 같다고 느꼈을 뿐이야."

빈센트가 애니를 안심시켰다.

"태권도 선수권 대회를 치르기 전에 먹는 음식 같아. 그뿐이라고. 조지가 늘 이런 음식을 먹고 산다면 강철 인간이 안 될 수가 없겠는데."

"그런데 지금 몇 시지?"

조지가 묻자, 빈센트가 손목시계를 보았다.

"5시 6분이야."

"5시라고? 시간이 얼마 없어! 잠깐, 스위스는 지금 몇 시지?"

"6시 6분."

이번에도 빈센트가 말했다.

"그렇다면, 서둘러야 해."

조지는 최대한 빨리 말했다.

"애니, 탐구단 회의가 오늘 밤 7시 30분에 열린다고 했지? 리퍼 박사님은 토래그가 양자 역학 폭탄을 갖고 있다고 했어. 그자들은 회의가 시작되면 그 폭탄이 터지도록 준비해 둔 게 틀림없어. 충돌기와 그 안에 있는 사람 모두가 파괴되어서 과학이 수백 년 후퇴하도록 말이야."

"양자 역학 폭탄이라니? 그게 뭔데?"

애니가 몇 분 전의 조지만큼이나 메스꺼운 듯한 얼굴로 물었다.

"난 그게 뭔지는 알아. 하지만 작동을 어떻게 멈추는지는 잘 몰라."

조지가 솔직히 말했다.

"아무래도 이걸 가져가는 게 좋을 것 같아."

조지는 푸키가 주었던 숫자가 적혀 있는 기다란 종이를 집어 들었다.

"확실하진 않지만, 어쩌면 이게 폭탄의 작동을 멈추게 할 암호일지도 몰라."

"그런데 리퍼 박사님의 말이 진실이라는 걸 어떻게 알지?"

애니가 다그쳐 물었다.

"확신할 수는 없지만, 이번엔 우리 편인 것 같아. 리퍼 박사님은 저 이상한 사람들 때문에 충돌기와 그 안에 있는 모든 사람이 폭파되길 바라지 않아. 우리가 프레디를 옮길 곳을 찾다가 포도주 저장실에서 본 사람들 때문에 말이야."

"그 리퍼라는 작자를 어떻게 믿어?"

빈센트가 끼어들었다.

"과거에도 너희를 감쪽같이 속였잖아."

애니가 주머니에서 휴대 전화를 꺼내 아빠에게 전화를 걸려고 했지만, 통화가 되지 않았다. 심지어 문자도 보낼 수 없었다.

"나도 박사님을 믿을 수 있는지 어떤지 모르겠어."

조지가 솔직한 심정을 털어놓았다.

"하지만 지금은 그냥 리퍼 박사님의 말을 믿어 보는 수밖에 없어. 우리가 아무 일도 하지 않는다면, 충돌기는 오늘 저녁에 탐구단의 회의가 진행되는 동안 폭발해 버릴 거야."

"그런데 우리가 어떻게 시간에 맞춰 거기에 가지?"

애니가 풀 죽은 목소리로 말했다.

"그렇게 하려면 우주의 문을 통해 여행해야 하는데, 우리에겐 코스모스가 없잖아!"

"또 다른 문이 있어."

조지는 마침내 수학과를 방문한 뒤로 계속 찾고 있던 중요한 연결 고리 하나를 생각해 냈다.

"그리고 그 문이 어디에 있는지 알고 있어!"

"어딘데?"

애니가 얼떨떨해서 말했다.

"난 코스모스가 세상에서 유일한 슈퍼컴퓨터인 줄 알았는데? 안전하지 않은 푸키를 빼면 말이야."

"네 말이 맞아."

조지가 동의했다.

"푸키는 다시 사용할 수 없어. 작동법도 모르고 아무튼 녀석의 문은 쓸모가 없으니까 말이야. 하지만 우리가 신형 코스모스의 사용법은 확실히 알고 있으니까, 어쩌면 구형 코스모스도 작동시킬 수 있을지도 몰라."

"구형 코스모스라니……?"

"너희 아빠가 하신 강연, 기억나?"

조지의 머리는 이제 광속으로 돌아가고 있었다.

"주주빈 교수님이 그 강연장에 있었어. 에릭 아저씨에게 스위스로 가야 한다고 말한 사람이 바로 주주빈 교수님이야. 인류를 위한 과학 탐구단의 비상 회의를 소집한 사람도 교수님이고."

"그래서 어쨌다는 거야? 대체 무슨 말을 하는 건데?"

애니가 물었다.

"나와 에릭 아저씨가 수학과를 떠날 때, 주주빈 교수님은 우리를 따라오지 않았어."

조지가 말을 이었다.

"교수님은 건물을 나오지 않고 계단을 내려갔어."

"그래서……?"

"너희 아빠는 폭스브리지에 다니던 학생이었을 때 최초의 슈퍼컴퓨터인 구형 코스모스가 수학과 건물 지하실에 있다고 하셨어. 그런데 너희 아빠의 강연이 끝나고 우리가 정문으로 나갈 때, 주주빈 교수님이 지하실로 통하는 계단을 내려가는 모습을 보았어. 그리고 노란 안경을 끼고 있는 모습도 봤지. 에릭 아저씨가 블랙홀로 떨어졌을 때 찾은 것과 똑같은 안경을 말이야. 그건 누군가가 우주여행을 하다가 물건을 떨어뜨렸다는 것을 의미해."

"그래, 그리고 그렇게 하기 위해서는 슈퍼컴퓨터를 갖고 있어야만 하지."

애니는 이제 이해가 되는 것 같았다.

"그러니까 너는 구형 코스모스가 폭스브리지 대학 수학과 건물의 지하실에 있고, 주주빈 교수님이 그동안 그 컴퓨터를 사용하고 있었다고 생각하는 거지?"

"하지만 애니의 아빠가 학생이었을 때라면 굉장히 오래전이잖아. 그 컴퓨터는 분명 지금쯤 작동을 멈추었을 거야."

빈센트가 지적했다.

"그건 우리 추측일 뿐이야."

조지가 말했다.

"우리는 구형 코스모스가 작동하지 않는다고 생각하고 있어. 하지만 그 컴퓨터가 여전히 작동하고 있고, 주주빈 교수님을 블랙홀로 보내서 조사하게 할 수 있다고 쳐 봐. 그러면 우리도 그 컴퓨터를 사용해 시간에 맞춰 충돌기로 가서 양자 역학 폭탄의 뇌관을 제거할 수 있을 거야."

"하지만 주주빈 교수님이 왜 그런 사실을 비밀로 지키고 있는 거지?"

애니가 물었다.

"그건 나도 몰라……."

조지의 목소리에 불길한 예감이 묻어났다.

"하지만 아마 곧 알아내게 되겠지. 당장 수학과 건물로 가야 해. 가능한 한 빨리. 주주빈 교수님은 지금 거대 강입자 충돌기에서 열리는 회의에 참석하고 있을 테니까, 우리가 가서 구형 코스모스를 시도해 볼 수 있을 거야."

조지와 애니는 계단을 한 번에 두 칸씩 내려가 문밖으로 힘껏

달려 나가서는 자전거에 올라탔다. 빈센트도 뒤를 바짝 따라갔다.

"이해가지 않는 게 있어."

빈센트가 스케이트보드로 펄쩍 뛰어오르며 말했다.

"왜 하필 수학이야? 수학이 다른 것과 무슨 관련이 있는데? 그저 칠판에 적힌 모든 숫자들을 더하면 또 다른 숫자가 되는 것뿐이잖아. 그게 우주와 무슨 관련이 있어? 수학이 사람에게 무슨 소용이 있지?"

||||||||||||||||||||||||||||| 최신 과학 이론 |||||||||||||||||||||||||||||

과학을 이해하는 데 놀라울 정도로 유용한 수학

일상 세계에서 어떤 것들은 간단하고 어떤 것들은 복잡하다. 우리는 태양이 날마다 떠오른다는 사실은 알고 있지만, 날씨는 예측할 수 없게 변한다. 나처럼 거의 언제나 따뜻하고 화창한 애리조나에 살지 않는 한 말이다. 따라서 정확한 시간에 일어날 수 있도록 전날 밤에 시계 알람을 맞춰 놓을 수는 있지만, 다음 날 입을 옷을 미리 골라 놓았다가는 몹시 잘못된 선택이 될 수도 있다.

간단하고 규칙적이며 믿을 수 있는 것들은 하루의 시간이나 일 년의 날짜들 같은 숫자로 묘사될 수 있다. 또한 날씨 같은, 이를테면 하루의 최고 기온처럼 복잡한 것들을 묘사하는 데도 숫자를 이용할 수 있다. 하지만 그런 경우에는 종종 그러한 숫자에서 어떤 유형을 발견하기가 어렵다.

우리 조상들은 자연에서 많은 유형을 발견했다. 낮과 밤뿐만 아니라 계절과 하늘에 있는 달과 별과 행성, 그리고 밀물과 썰물까지 말이다. 그들은 유형을 묘사하기 위해 때로는 숫자를 이용했으며, 노래나 시를 이용하기도 했다. 고대인들은 천체의 운동을 숫자와 유형으로 묘사하기 위해 많은 노력을 기울였다. 특히 일식이나 월식 같은 식 현상을 예측하고 싶어 했다. 달이 태양의 빛을 가려서 낮에도 별들이 보이거나 달이 지구에 가려져 완전히 사라지는, 두렵지만 흥미로운 사건이기 때문이다. 식 현상이 언제 일어날지 알기 위해서는 여러 번의 지루한 계산을 해야 했는데, 언제나 제대로 맞히지는 못했다. 하지만 맞혔을 때, 사람들은 깊은 인상을 받았다.

오래전에는 숫자와 간단한 유형을 자연에서 자주 발견할 수 있다는 사실을 아무도 몰랐다. 그러나 약 400년 전쯤, 일부 사람들이 그 유형들에 대해 더 신중하게 조사하기 시작했다. 특히 유럽에는 현상을 정확하게 관측하고 측정하는 데 도움이 되는 정교한 장비들이 있었다. 사람들은 시계와 해시계를 비롯해서 거리와 각과 시간을 재는 데 필요한 온갖 종류의 금속 도구들을 갖고 있었다. 결국 그들은 작은 망원경도 갖게 되었다. 이렇게 호기심이 많은 사람들은 자신을 '자연 철학자'라고 불렀다. 그리고 오늘날 우리는 그런 사람들을 과학자라고 부른다.

자연 철학자들이 궁금해하던 한 가지는 운동이다. 처음에는 두 종류의 운동이 있다고 생각했다. 하늘에서 움직이는 별과 행성의 운동, 그리고 지상에서 움직이는 물체들의 운동이 그것이다. 공을 던지면 곡선 경로로 움직인다는 사실은 누구나 안다. 만약 공을 똑같은 속도와 각도로 던진다면, 그 곡선이 언제나 똑같다는 사실은 많은 시도를 해 보지 않아도 알 수 있다.

물론 우리 조상들도 움직이는 물체들이 예측 가능한 간단한 경로를 따른다는 것을 잘 알고 있었다. 당시 삶 자체가 그런 유형에 의존하고 있었기 때문이다. 사냥꾼들은 돌팔매질할 때 돌이 손에서 떠나거나 활에서 화살이 떠나는 순간, 언제나 똑같은 방식으로 운동한다는 것을 확실히 알아야 했다. 오스트레일리아 원주민들은 던지면 특별한 경로를 따라가 던진 사람에게 되돌아오는 부메랑을 만들 정도로 영리했다.

16세기 무렵, 수학은 간단한 산술을 넘어 대수학을 비롯한 다른 방법들을 포함하게 되었고, 자연 철학자들은 자연에서 발견된 많은 유형을 묘사할 방정식들을 만들 수 있었다. 특히 그들은 화살이나 공의 경로 같은 곡선들을 묘사할 방정식들을 쓸 수 있었다. 이를테면, 간단한 방정식이 원을 묘사하며, 약간 다른 방정식은 타원이라는 찌그러진 원을 묘사하고, 또 다른 방정식은 양극 사이에 매달린 밧줄의 곡선을 묘사한다. 이렇게 더 진보한 수학을 이용하면 엄청나게 다양한 유형과 모양을 단지 말로만이 아니라 기호와 방정식으로 묘사할 수 있기 때문에, 종이에 적거나 인쇄를 해서 다른 과학자들과 수학자들이 연구할 수 있었다.

이 모든 게 유용하기는 했지만, 그것은 여전히 자연의 유형들을 묘사만 하는 것일 뿐, 설명은 아니었다. 17세기 초, 이탈리아 과학자였던 갈릴레오 갈릴레이의 연구 덕분에 중대한 돌파구가 만들어졌다. 물체를 높은 곳에서 떨어뜨리면 땅에 가까워질수록 점점 더 빨리 떨어진다는 사실은 누구나 알고 있다. 갈릴레오는 이것을 정확하게 묘사하고 싶었다. 1초, 2초, 3초…… 그 뒤에는 얼마나 더 빨라질까? 어떤 유형이 있을까? 갈릴레오 갈릴레이는 실험을 통해 해답을 찾았다. 그는 물건들을 떨어뜨리고 시간을 쟀다. 또한 모든 일이 더 느리고 쉽게 일어나도록 비탈길 아래로 공을 굴려 보냈다. 그 뒤 모든 측정을 했고, 마침내 떨어지는 모든 물체들이 가속되는 방식(즉 떨어지는 물체들은 점점 더 빨리 떨어진다.)을 정확하게 묘사한 공식을 찾아냈다.

갈릴레오의 공식은 아주 간단하다. 만약 정지해 있던 물체가 떨어지면, 그 속도는 떨어지고 있는 시간에 비례해서 증가한다. 이 말은 물체가 2초 동안 떨어지고 있었다면, 1초일 때 나타난 속도보다 정확히 두 배의 속도가 된다는 뜻이다. 또한 만약 물체를 그냥 떨어뜨리지 않고 높은 곳에서 어떤 각도로 떨어뜨린다면, 여전히 똑같은 방식으로 떨어지겠지만, 또한 수평 방향으로도 움직일 것이다. 따라서 갈릴레오의 공식은 그 물체가 따르는 경로의 모양이 포물선(기하학의 연구를 통해 수학자들이 이미 알고 있었던 곡선들 가운데 하나)이 된다는 것을 말해 준다.

결정적인 한 걸음을 내딛게 된 순간은 영국의 아이작 뉴턴이 물체들을 힘으로 밀거나 당길 때 운동이 어떻게 변하는지(즉 가속되는지 감속되는지)를 알아냈을 때였다. 그는 그것을 묘사하기 위해 간단한 방정식을 썼다.

갈릴레오의 떨어지는 물체들과 관련된 힘은 물론 중력이다. 우리는 언제나 중력의 힘을 느낀다. 뉴턴은 지구가 물체가 포함하는 물질의 양(질량)과 비례하는 힘으로 모든 것을 지구의 중심인 아래쪽으로 끌어당긴다고 했다. 힘과 가속도를 연결하는 뉴턴의 방정식은, 그 뒤 갈릴레오의 떨어지는 물체에 대한 공식을 설명했다.

그러나 그것은 그저 시작에 불과했다. 뉴턴은 또 지구뿐만 아니라 태양과 달과 행성과 별과 심지어는 사람들까지, 우주의 모든 물체가 중력으로 서로를 끌어당기고 있으며 그 힘은 거리에 따라 약해져서 지구(혹은 태양이나 달)의 중심으로부터 2배 멀리 떨어져 있으면 그 힘의 강도가 4분의 1로 줄어들고, 3배 되는 거리에 있을 때 9분의 1로 줄어든다고 말했다.

이 공식에다 힘과 가속도의 관계를 보여 주는 방정식을 이용해서, 뉴턴은 행성과 혜성들이 어떻게 태양의 중력에 이끌려서 태양의 주위를 움직이게 되는지 알아낼 훌륭한 수학(일부는 그가 고안했다.)을 할 수 있었다. 그는 또한 달이 어떻게 지구를 공전하는지도 계산했다. 그리고 모든 숫자가 제대로 나왔다! 더욱이, 궤도의 모양들도 그의 계산으로 정확히 묘사되었다. 이를테면, 천문학자들은 행성의 궤도가 타원이라고 측정해 왔는데, 위대한 뉴턴이 계산을 통해 그것이 반드시 타원이어야 한다는 것을 입증했다! 영국 정부는 굉장히 흡족해서 그에게 영국의 모든 화폐를 찍는 일을 맡겼다.

그러나 운동과 만유인력에 대한 뉴턴의 연구에서 정말로 중요한 것은 더 심오하다. 그는 자신의 중력 공식과 힘과 가속도 방정식이 자연의 법칙이라고 주장했다. 즉 그 법칙은 우주에서 장소와 시간을 불문하고 똑같아야 하며, 절대로 변할 수 없는 것이었다. 뉴턴이 믿고 있는 신처럼 말이다. 뉴턴 이전의 일부 사람들은 공과 배와 새 같은 지구상에 있는 물체들의 운동이 달과 행성 같은 하늘에 있는 천체들의 운동과 전혀 무관하다고 생각했다.

이제 우리는 그 모든 게 동일한 법칙을 따른다는 것을 알고 있다. 다른 과학자들은 운동을 묘사했지만, 뉴턴은 그것을 수학 법칙으로 설명했다.

실용적인 측면에서도 대단한 도약이었다. 이제는 심지어 물체를 보지 않고도, 방에서 나가지 않고도, 누구나 의자에 앉아서 그게 어떻게 움직이는지 알아낼 수 있기 때문이다. 예컨대, 대포를 일정한 속도와 각도로 발사하면 어디에 착륙할지 계산할 수 있다. 또 대포가 지구를 벗어나 돌아오지 않게 하려면 얼마나 빠른 속도로 날려 보내야 하는지도 알아낼 수 있다. 뉴턴의 간단한 방정식을 이용해서 엔지니어들은 우주선을 달이나 화성으로 보내기 위해 로켓을 정확히 어느 쪽으로 향하게 해야 하는지 알아낼 수 있다. 로켓 제작에 필요한 자금을 마련하기도 전에 말이다.

이 모든 것이 우주의 기본 법칙을 연구하는 예측 과학인 물리학을 만들었다. 물리학자들은 방정식들을 이용해서, 미지의 행성의 존재처럼 아무도 전에 알지 못했던 것들을 예측할 수 있었다. 천왕성과 해왕성은 천문학자들이 뉴턴의 법칙을 이용해서 그것들이 하늘에서 있어야 할 위치를 알아낸 뒤에 발견되었고, 이제 그러한 법칙들을 이용해서 다른 별들의 주위를 공전하는 행성들의 존재를 예측한다.

곧이어 물리학자들은 전기와 자기 같은 다른 힘에도 동일한 법칙을 적용하기 시작했고, 그것들도 간단한 수학 법칙을 따르는 것으로 밝혀졌다. 원자와 그 핵이 연구되었고, 그것들 역시 수학 공식으로 상세히 설명될 수 있다. 따라서 물리학 교재에는 이제 상당히 많은 방정식들이 있다.

일부 물리학자들은 이런 식으로 영원히 계속될지, 아니면 모든 법칙과 방정식들이 어떤 식으로 합쳐져서 다른 모든 것들을 포함하는 더 좋은 법칙이 될 수 있을지 궁금해한다. 상당히 많은 뛰어난 사람들이 연결 고리를 찾기 위해 그 방정식들을 살펴보았지만, 옳은 것으로 드러난 것은 극히 적었다.

유명한 예로, 19세기에 스코틀랜드의 물리학자 제임스 클러크 맥스웰은 전기와 자기 법칙이 연결될 수 있다는 것을 알고, 그 방정식들을 풀어서 결합시킨 '전자기력'이 전자기파를 만들 수 있다는 것을 발견했다. 그는 자신의 방정식으로부터 그 파동의 속도를 알아내고는, 그것이 빛의 속도와 똑같다는 것을 깨달았다. 빙고! 그는 빛이 전자기파인 게 틀림없다고 말했다.

모든 힘을 결합시키는 최고의 법칙을 찾는 탐색이 계속되고 있다. 모든 것을 결합시키기 위해서는 정말로 똑똑한 젊은이가 필요하다.

학창 시절, 나는 린제이라는 예쁜 소녀를 좋아했다. 어느 날 나는 물리학 숙제로 어떤 문제를 풀고 있었다. 비탈진 언덕에서 공을 가장 높은 위치까지 올라가게 하려면 어떤 각도로 던져야 하는지 계산(즉, 예측)하는 문제였다. 미술을 전공하던 린제이는 학교 도서관에서 내 맞은편에 앉아 있었는데, 그건 물론 좋은 일이었지만, 떨리는 일이기도 했다. 린제이가 내게 무얼 하고 있느냐고 묻길래 그 문제를 설명하자, 린제이는 깜짝 놀랐다. "종잇조각에다가 계산을 해서 공이 어떻게 움직일지 어떻게 알 수 있느냐?"는 것이다. 그때 당시 나는 이게 바보 같은 질문이라고 생각했다. 이게 나의 숙제였으니까 말이다! 그러나 린제이는 사실 매우 심오한 질문을 한 것이다. 왜 주변에서 일어나는 일들을 간단한 수학 법칙으로 묘사하고, 심지어 예측까지 할 수 있을까? 즉 자연에는 왜 법칙이 있는 것일까? 그리고 어떤 이유 때문에 자연의 법칙이 있어야 한다고 해도, 왜 그렇게 간단해야만 할까(중력의 역제곱 법칙처럼 말이다.)? 가장 똑똑한 수학자도 당황할 정도로 미묘하고 복잡한 수학 법칙들을 가진 우주를 상상할 수 있는데 말이다.

우주가 왜 간단한 수학으로 설명될 수 있는지, 왜 인간이 그것을 알아내기에 충분한 지력을 갖고 있는지는 아무도 모른다. 우리가 그저 운이 좋았던 걸까? 어떤 사람들은 우주를 그런 식으로 만든 수학자 신이 있다고 생각한다. 그러나 과학자들은 신을 그다지 좋아하지 않는다. 생명은 오직 우주가 간단한 수학 법칙을 갖고 있을 때만 발생할 수 있을까? 그래서 자연은 반드시 수학적이어야 하며, 그렇지 않으면 우리는 여기에 존재할 수 없는 걸까? 어쩌면 우리의 법칙과는 다른 법칙들을 지닌 우주도 있고, 논의할 법칙이 전혀 없는 우주도 있을지 모른다. 이러한 다른 우주에는 과학자와 수학자들이 없을지도 모른다.

솔직히 말해서, 이 모든 것은 수수께끼이며, 과학자 대부분은 그것에 대해 걱정할 필요가 없다고 생각한다. 그들은 그저 자연의 수학 법칙을 사실로 받아들이고 계속 계산을 할 뿐이다.

나는 그들과 생각이 다르다. 나는 밤에 침대에 누워서 많은 생각을 한다. 나는 해답을 찾고 싶다. 그러나 우주의 수학적 단순성에 이유가 있든 없든, 물리학과 수학이 깊이 관련되어 있으며, 우리가 늘 실험할 수 있는 사람과 계산할 수 있는 사람을 필요로 하리라는 점은 분명하다. 그리고 이 둘 사이에는 끊임없는 대화가 필요하다.

폴 데이비스 박사

15장

조지와 애니는 독특하게 생긴 배움의 전당인 폭스브리지를 지나 열심히 페달을 밟고 있었다. 빈센트는 그들 옆에서 스케이트보드를 타고 우아하게 곡선을 그리며 따라갔

다. 그 마을에는 고풍스럽고 아름다운 건물들이 가득했다. 학자들은 수백 년 동안 이곳에서 위대한 이론들을 만들어 내며, 세상 사람들이 궁금해하는 우주와 그 모든 경이들을 설명해 왔다.

어떤 대학 건물들은 꼭 성채처럼 보였는데, 그럴 만한 이유가 있었다. 오래전에는 학자들이 소개한 새로운 법칙들을 듣고 흥분하고 성난 군중들이 들어오지 못하도록 문을 닫아걸지 않을 수 없었기 때문이다. 이를테면, 중력이 그랬다. 태양이 지구를 공전하는 게 아니라 지구가 태양을 공전한다고 밝혔을 때도, 진화도, 빅뱅도 그랬다. DNA의 이중 나선도, 다른

우주에 생명이 있을 가능성도 마찬가지였다. 종종 우호적이지 않던 바깥 현실 세계로부터 안에 있는 학자들을 보호하기 위해 대학 건물의 벽은 높았고 작은 창문들만 있었다.

세 아이들은 급히 수학과 안뜰로 들어가 자전거를 검은 난간에 기대 두고 정문까지 계단을 뛰어 올라갔다. 오늘은 유리문들이 바람에 흔들리고 있을 뿐이었고, 그들이 급히 복도로 들어갈 때도 아무도 막는 사람이 없었다. 그저 친근한 분필 가루와 낡은 양말 냄새와 멀리서 지나가는 빈 수레의 아득한 소리만 들릴 뿐이었다.

"잠깐! 엘리베이터는 타지 마!"

빈센트가 엘리베이터 버튼을 누르려고 하자, 애니가 말렸다.

"그건 너무 시끄러워! 그냥 계단으로 내려가자."

빈센트는 소중한 스케이트보드를 복도 게시판 밑에 놓아두며, 게시판에 '쌍주기 단극 : 3D 적분 가능한 시스템, 초기 우주 : 전이 단계들!' 같은 강연 광고가 붙어 있는 걸 보았다. 그런 뒤, 앞장선 조지와 애니를 따라 살금살금 지하로 내려갔다.

계단을 다 내려가자, 지하실에는 불이 희미하게 켜져 있었다. 그저 맞은편이 가까스로 보일 정도의 불빛이었다. 지하실은 낡은 사무실 장비와 버려진 컴퓨터들과 망가진 의자와 부서진 책상과 산더미처럼 쌓인 컴퓨터 종이 같은 쓰레기들로 가득했다. 그들은 쓰레기 더미 뒤쪽 어딘가에서 윙윙거리며 작동 중인 컴퓨터 소리를 따라, 어수선하게 흩어진 잡동사니 사이로 조심스럽게 나아갔다. 곧이어 지하실에 그들만 있지 않다는 게 분명해졌다. 컴퓨터 소리 말고도 사람 목소리가 매우 또렷이 들렸다.

"제기랄!"

좌절감에 차서 투덜대는 소리가 들렸다.

"이 멍청한 컴퓨터야, 대체 왜 내가 하고 싶은 대로 못 하게 하는 거야?"

애니와 조지가 앞에 서고, 키가 큰 빈센트가 뒤따라가며 조심스럽게 앞으로 나아가는데, 잡동사니 사이로 트위드 양복을 입은 어떤 노인이 거대한 컴퓨터를 작동하고 있는 모습이 보였다. 구형 코스모스였다. 지하실 한쪽 벽면 전체를 차지한 그 컴퓨터는 어찌나 구닥다리였던지, 꼭 문짝처럼 생긴 칸막이에 기계들을 차곡차곡 쌓아 올린 듯했다. 한가운데에는 모니터 스크린이 있었는데, 노인은 스크린으로 어떤 영상을 보고 있는 모양이었다. 영상은 모니터 위쪽 절반에만 나타나 있었고, 아래쪽 절반에서는 검은 배경에 밝은 초록색의 자막이 휙휙 지나가고 있었다.

"주주빈 교수야."

조지가 애니의 귀에 대고 속삭였다.

"교수님이 왜 여기에 있지? 충돌기에 있어야 할 텐데. 이번 회의는 인류를 위한 과학 탐구단의 정회원이 모두 참석한다고 했거든. 그럼, 주주빈 교수님도 당연히 그 회의에 참석해야 할 텐데!"

"그런데 대체 저기서 뭘 하고 있지?"

애니가 다시 조지의 귀에 대고 물었다. 그들이 조용히 지켜보는 동안, 주주빈은 보던 영상을 다시 거꾸로 돌렸고, 스크린 아랫부분에서 자막들이 뒤로 돌아갔다. 그가 '재생'을 누르자 영상이 또다시 시작되었다. 그 영상 속에서는 젊은 시절의 주주빈처럼 보이는 사람이, 사람들이 가득 찬 강당에서 구식 투영 장치 앞에 서 있었다.

"너희 아빠가 주주빈 교수님의 강연을 들었던 강의실인가 봐!"

조지가 애니에게 속삭였다.

"저 사람이 주주빈 교수님이야. 폭스브리지에서 강의를 하고 있어!"

"저분도 한때 아빠처럼 교수였대. 여기서 수학을 가르쳤고."

애니가 조그맣게 속삭였다.

"어쩌면 교수로 지내던 옛 시절을 그리워하는 건지도 몰라."

조지가 울적하게 말했다. 눈앞에 펼쳐지는 영상이 마음에 들지 않았다.

"저기 좀 봐! 너희 아빠야!"

영상 속에서 검은 더벅머리에 싸구려 안경을 쓰고 얼굴 가득 미소를 머금은 한 젊은이가 청중 사이에서 막 일어섰다.

"우리 아빠야!"

애니가 금방이라도 눈물이 떨어질 듯한 눈망울로 말했다.

"맙소사! 아빠가 저렇게 젊은 시절이 있었다니, 도저히 믿어지지가 않아! 그런데 아빠가 뭘 하고 계시는 거지?"

구형 코스모스가 그 질문에 답해 주었다.

"주주빈 교수님."

구형 코스모스는 기계 음성으로 에릭이 스크린상에서 하는 말들을 전달했다.

"저는 교수님의 이론에 결함이 있다는 것을 입증했습니다!"

에릭은 마치 주주빈이 자신의 의견에 만족해야만 한다는 표정이었다. 에릭다운 모습이었다.

영상 속에서 주주빈은 계속 미소를 짓고 있었지만, 그 웃음은 마치 강력 접착제로 붙이기라도 한 것처럼 얼굴에서 점점 굳어지고 있었다.

에릭이 구형 코스모스의 목소리로 말을 이었다.

"저는 교수님께서 제안하신 우주의 모형이 약한 에너지 조건을 위반한다는 것을 입증했습니다."

스크린에서 주주빈의 콧구멍이 벌어졌다. 매우 화난 듯했다.

"벨리스."

구형 코스모스가 에릭과 주주빈의 대화를 전달하는 동안, 동시에 스크린에 자막이 나타났다.

"빅뱅에 관한 자네의 이론은 흥미롭지만 입증이 불가능하네."

"저는 그렇게 생각하지 않습니다!"

젊은 에릭이 반박했다.

"최근에 발견된 마이크로파 배경 복사는 빅뱅 모형을 뒷받침하는 명백한 증거를 제공합니다. 더욱이, 언젠가는 제가 여기 폭스브리지에서 동료들과 함께 발전시킨 중대한 실험을 수행해서 입증할 수 있으리라 확신합니다."

특이점

물리학자들은 수학이 전혀 효과가 없는 장소를 특이점이라고 일컫는다. 예컨대, 특이점의 한 형태인 블랙홀의 중심으로 다가가면, 정확한 중심에서는 시공 곡률이 무한대가 되어 보통 수학 법칙들이 실패하고 만다(수학 규칙에서는 0으로 나누라고 하지만 이게 허용되지 않는다는 것은 누구나 알고 있다!).

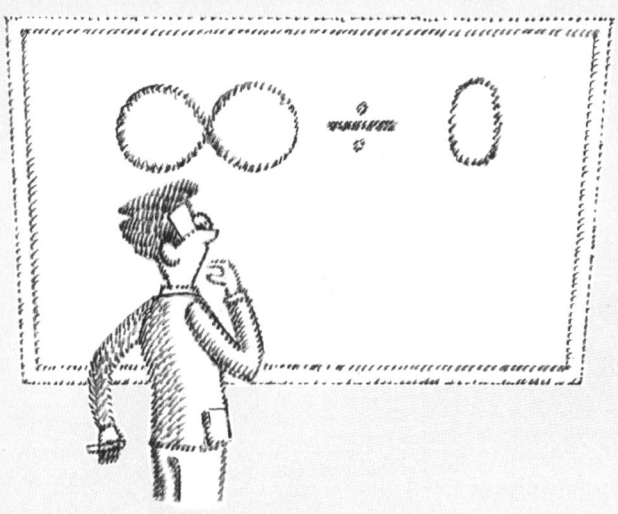

때로 어떤 물리학 계산이 어떤 특정한 점에서 틀린 것으로 드러나면 특이점이 발견되었다고 가정한다. 일단 이것을 이해하면, 오류를 수정해서 특이점이 사라지도록 계산을 조절할 수 있다.

더 흥미로운 특이점들은 제거하기가 더 힘들어서 새로운 이론이 필요하다는 것을 암시한다. 예를 들어, 일반 상대성 이론의 수학에서는 블랙홀과 빅뱅 특이점들이 발생한다. 어쩌면 우주의 그러한 장소에서 정말로 무슨 일이 벌어지고 있는지 이해하고 제대로 된 결과를 얻으려면 매우 다른 수학 이론이 필요할지도 모른다.

모든 것의 이론에서 이러한 특이점들을 제거하기를 바라며, 과학자들이 열심히 연구하고 있는 분야가 바로 이 부분이다.

빅뱅

시공 곡률이 무한대가 된다.

물질의 밀도가 무한대가 된다.

온도가 무한대가 된다.

우주 안에서 눈에 보이는 모든 것을 포함한 공간이 'O'에 도달하면,
과거로 돌아가는 모든 길이 막다른 곳에 다다른다.

특이점은 또한 시간이 시작된 곳에 자리하고 있기 때문에
초기 특이점으로도 알려져 있다.

지금의 주주빈이 '일시 정지'를 눌러서 영상을 멈췄다. 그러고는 코스모스 자판에 미친 듯이 명령 버튼을 두드려 댔다. 스크린에 작은 붓 하나가 나타났다. 그러자 주주빈은 구형 코스모스에 연결해 둔 컴퓨터 마우스를 움직여 붓을 이리저리 휘저었다. 그러나 작은 붓은 영상을 무력하게 휩쓸고 지나갈 뿐, 아무런 변화가 없었다.

"젠장! 대체 왜 이게 듣지를 않는 거야!"

주주빈이 불만스럽게 내뱉었다.

"그렇다면 다른 걸 시도해 봐야겠군······."

주주빈이 중얼거렸다. 그는 스크린에 보이는 모든 자막을 지워 버리고는, 빠른 속도로 타자를 치면서 단어들을 입력했다.

그렇지가 않네. 주존 입자들의 성질은 네 가지 힘과 물질의 생성 사이의 관계를 이해하는 게 열쇠야. 나는 자네가 제안하는 실험은 그 정도 에너지 규모에서는 모두 생명을 위협하는 폭발로 끝날 것이며, 그 폭발로 기본 입자들의 성질과 우주의 역학에 대한 내 이론들이 옳다는 것이 입증되리라 생각하네.

하지만 주주빈이 새로운 자막에 타자를 치자마자, 커서가 뒤로 움직여 그것을 다시 지우면서 원래의 자막으로 바꾸어 버렸다.

"이제 알았어! 저건 비디오 영상이 아니야."

조지가 작은 소리로 소곤거렸다.

"저건 과거야! 교수님은 코스모스를 이용해서 자신이 과거에 폭스브리지에서 강의한 모습을 보고 있어! 그리고 그걸 바꾸려고 애쓰는 중이야. 교수님은 코스모스에 어떤 포토샵 프로그램을 만든 것 같아. 과거에 자신이 한 말과 행동을 바꾸도록 말이지."

"왜지?"

애니가 물었다.

"교수님은 이제 막 일어나려고 하는 일을, 마치 자기가 과거에 예측했다는 듯이 꾸미려는 거겠지."

조지가 설명했다.

"교수님은 자신의 이론들이 옳은 듯이, 그리고 너희 아빠가 틀린 것처럼 보이게 하려고, 코스모스를 이용해서 과거를 바꾸려는 거야. 그래서 충돌기 폭발이 자신이 예측한 일이라는 걸 입증하려고 말이야."

주주빈은 아이들이 소곤거리는 소리도 알아채지 못할 만큼 깊이 몰두해 있었다. 그러나 조지의 휴대 전화에서 갑자기 터져 나와 울려 퍼진 〈스타워즈〉 주제곡마저 지나치진 않았다.

조지는 재빨리 휴대 전화를 바닥에 떨어뜨리고는 발로 빈센트가 있는 뒤쪽으로 차 버렸다. 빈센트가 얼른 엎드려서 조지의 휴대 전화를 집어 들고는 '통화 종료' 단추를 누르고 진동 모드로 바꾸어 놓았다.

그러나 때는 이미 너무 늦고 말았다. 주주빈이 그들의 존재를 알아채고 만 것이다. 주주빈은 홱 돌아서서 주위를 무섭게 노려보다가, 슈퍼컴퓨터를 숨기기 위해 쌓아 올려 둔 쓰레기 더미 속에서 자신을 빤히 쳐다보고 있는 두 쌍의 눈을 발견하자, 빙긋이 웃음 지었다.

"아, 조지로구나!"

주주빈이 이를 드러내고 씩 웃었다.

"그리고, 내 친구인 귀여운 애니까지. 앞으로 나오너라, 얘들아. 어서 나오렴, 어서! 애니, 난 네가 갓난아기였을 때 내 무릎에 앉혀 놓  곤 했단다. 나를 무서워할 필요는 전혀 없어!"

조지와 애니는 선택의 여지가 없었다. 두 아이가 앞으로 나아가는 동안, 빈센트는 낡은 가구들 사이에서 그대로 쭈그리고 앉아 있었다. 주주빈이 자신을 발견하지 못했을지도 모른다고 생각하자, 만약 계속 지하실에 숨어 있을 수 있다면, 애니와 조지가 곤경에 처했을 때 도와줄 수 있으리라 판단한 것이다. 빈센트는 이 늙은 과학자가 말한 내용을 대부분 이해하지 못했다. 그러나 과거를 바꾸어서 자신은 옳고 다른 사람은 틀리도록 만들려는 사람이라면, 믿을 수 없는 사람이라는 것쯤은 분명히 알 수 있었다.

"애니."

주주빈이 다정한 목소리로 말했다.

"정말 많이 컸구나! 정말로 많이 컸어! 게다가 똑똑하고 말이야. 이렇게 너를 다시 보게 되다니, 감격스럽구나. 그런데 왜 그렇게 걱정스러운 표정을 하고 있니, 얘들아? 왜 그렇게 불안해하는 거니? 이 주주빈 교수가 너희에게 무엇을 해 주면 좋을까? 말해 보렴, 얘들아. 나한텐 솔직하게 말해도 돼!"

조지는 애니가 말하지 못하게 하려고 살짝 꼬집었지만, 아무 소용이 없었다. 지금 애니는 도움을 줄 수 있다고 말하는 사람은 누구나 믿을 정도로 절박했다.

"주주빈 교수님⋯⋯."

애니가 떨리는 목소리로 말했다.

주주빈이 뒤로 손을 뻗어 슬그머니 구형 코스모스의 모니터를 꺼 버린 뒤라, 과거 영상은 이미 상영되고 있지 않았다.

"우리는 빨리 거대 강입자 충돌기로 가야만 해요."

애니가 계속 말을 이었다.

"그곳에서 뭔가 무서운 일이 일어날 거예요. 우리 아빠를 구해야만 해요! 교수님이 구형 코스모스를 이용해서 우리들을 거대 강입자 충돌기로 보내 주시면 좋겠어요. 우리가 거기에 제때에 도착해서 폭탄이 터지는 걸 막을 수 있도록 말이에요."

"너희 아빠가 곤경에 처해 있단 말이니?"

주주빈이 걱정하는 척하며 능글맞게 말했다.

"폭탄이라니? 거대 강입자 충돌기에 말이니? 맙소사, 난 믿을 수가 없구나! 에릭이 설마……."

주주빈은 말꼬리를 흐리며 의심스러운 눈초리로 조지를 살펴보았다.

"이제 그만 얘기해……."

조지가 작은 목소리로 애니를 말렸지만, 주주빈이 그 말을 들었다.

"조지, 왜 말하지 말라고 하니? 에릭은 내가 가장 아끼는 제자이자 가장 성공한 제자란다. 만약 내 도움을 필요로 한다면, 그런 도움을 주는 건 나의 영광이자 특권이 되겠지."

그가 이 말이 사실임을 보이려고 허리를 깊숙이 숙여 정중하게 예의를 표했다.

애니가 조지에게 고개를 돌리고 흥분해서 말했다.

"우리에겐 다른 선택이 없어. 우리가 도움을 요청할 수 있는 사람이 달리 아무도 없잖아!"

"그래서 충돌기로 가고 싶다는 거로구나!"

주주빈이 유들유들하게 말했다.

"그거야 누워서 떡 먹기란다. 눈 깜짝할 사이에 그곳에 갈 수 있거든."

주주빈은 한쪽 손을 계속 위대한 컴퓨터의 출입구에 둔 채, 자판으로 몇몇 명령어를 쳐 넣었다.

"내가 이 문을 열면, 코스모스가 너희가 있어야 하는 장소로 곧장 데려다줄 거야. 너희에게 딱 어울리는 목적지로 곧장 말이야. 애니, 너는 오늘 영웅이 될 수 있어. 애니 네가 모든 문제를 풀고, 모든 것을 또다시 해결하게 될 거야."

애니는 눈을 반짝였다. 이번에는 자신이 영웅이 될 터였다. 자신이 영향력을 발휘해서 세상을 구하는 사람이 될 터였다. 아빠도 아니고, 엄마도 아니고, 조지도 아닌, 자신이.

"가겠어요!"

애니가 단호하게 말했다.

"저를 충돌기로 데려다주세요!"

"아, 하지만 너 혼자서는 여행할 수 없단다."

주주빈이 끌끌 혀를 차면서 고개를 가로저었다.

"네 친구도 함께 가야 해. 너와 조지가 같이 가야만 한단다. 그렇지 않으면 코스모스가 너희를 데려가게 할 수 없단다."

"애니!"

조지가 애니의 티셔츠를 미친 듯이 잡아당겼다.

"안 돼! 그건 말이 되지 않아!"

"난 상관없어!"

애니가 딱 잘라 말했다.

"주주빈 교수님, 코스모스를 열어서 우리를 충돌기로 보내 주세요."

애니가 고개를 돌리고 조지를 노려보았다.

"우주복은요?"

조지가 절망적으로 물었다.

"우리에겐 우주복이 없어요."

"너희는 우주로 가는 게 아니잖니."

주주빈이 똑같이 사근사근한 어조로 말했다.

"그런데 왜 우주복이 필요하겠니? 이건 그저 한 나라에서 또 다른 나라로 살짝 넘어가는 것에 불과해. 여기에 있는 출입구로 들어가거라."

주주빈은 문의 손잡이를 잡았다.

"그러면 거의 순식간에 목적지에 다다를 거란다. 그건 내가 보장하마. 인류를 위한 과학 탐구단의 회원 선서를 걸고, 이 말이 사실이라고 맹세하지."

"봤지? 교수님이 과학 탐구단 선서를 걸고 맹세했어. 너와 나뿐만 아니라 아빠를 비롯한 모든 과학자들이 맹세한 그 선서를 걸고 말이야! 교수님은 거짓말을 하지 않을 거야, 선서에 대해서는 말이야!"

"그럼, 나는 절대로 거짓말을 하지 않아."

주주빈이 음산하게 말했다.

"자, 애니, 잘 듣거라. 너는 영웅이야. 너는 출입구를 통해 여행해서 이 세상을 구하게 될 거야."

주주빈의 목소리에는 이상하게 최면 효과가 있었다. 애니가 빠르게 눈을 깜박거리는가 싶더니, 머리가 힘없이 이쪽저쪽으로 흔들리는 것 같았다.

조지는 손목시계를 내려다보았다. 폭스브리지는 이미 저녁 6시였다. 그렇다면 스위스는 지금 저녁 7시일 터였다. 양자 폭탄이 폭발해서 이 중대한 실험과 에릭과 세계 최고의 모든 과학자들이 사라져 버릴 순간까지, 30분밖에 남지 않았다. 주주빈은 조지 마음이 약해지고 있음을 감지하고, 애니에게 눈짓을 보내며 문을 열었다. 그 너머에는 그저 어둠만 보일 뿐 아무것도 보이지 않았다.

"자, 들어가거라."

주주빈이 집요하게 말했다.

"어서 들어가거라, 얘들아! 너희가 안전하다는 건 이 주주빈이 보장하마. 안전하고 확실해. 귀여운 녀석들아."

마치 최면이라도 걸린 듯, 애니가 앞으로 걸어가 어두운 문간으로 들어가더니 순식간에 사라져 버렸다.

조지는 애니를 혼자 가게 둘 수 없었다. 애니가 어디에 도착할지 전혀 알지 못했다. 비록 기적적으로 충돌기에 도착한다 해도, 애니는 암호를 모르기 때문에 양자 역학 폭탄의 뇌관을 제거할 수 없다. 조지는 애니를 곧장 뒤따라갔다.

조지는 세계 최초의 슈퍼컴퓨터인 구형 코스모스가 새로운 코스모스와 굉장히 다르다고 생각했다. 그들이 잘 알고 사랑하게 된 컴퓨터, 매끄럽고, 품위 있고, 말하기 좋아하는 작은 컴퓨터와는 굉장히 달랐다. 날쌔고 작은 고속 모터에 익숙한 사람에게, 구형 코스모스는 마치 거대한 크루즈 선박을 조종하는 느낌이었다.

조지는 마음의 준비를 하고 앞으로 나갔다. 발견과 모험이 있는 곳, 미지의 세계로 가는 출입구를 또다시 통과하자, 어둠이 그를 통째로 삼켜 버렸다.

16장

　빈센트는 쓰레기 더미 속에 숨어서 이 모든 일을 지켜보았다. 그는 비록 노교수가 한 말을 모두 알아듣지는 못했지만, 주주빈의 사악한 얼굴을 보았고, 애니가 갈등하고 혼란스러워하는 모습과 조지가 화가 나서 붉으락푸르락하는 모습은 볼 수 있었다. 빈센트는 조지가 이의를 제기하는 모습을 보았지만, 자신이 할 수 있는 일은 거의 없다는 걸 알았다.
　애니가 자신과 조지를 자기 아빠가 있는 충돌기로 곧장 데려다 주리라 믿는 출입구를 주주빈이 열자, 빈센트도 조지처럼 그들의 운명이 결정되었음을 알았다. 빈센트는 숨어 있던 곳에서 뛰어나갈 준비를 했다. 언제나처럼, 빈센트는 태권도 기술을 쓰기 전에 태권도 결의문을 읊었다.
　"나는 오직 태권도 기술로만 공격한다. 나는 아무런 무기도 없지만, 나 자신이나 나의 원칙, 나의 명예를 지켜야만 한다면, 또는 생사가 걸린 문제거나 옳고 그름의 문제라면, 나의 무기인 태권도가 용서치 않을 것이다."

그러나 빈센트가 고개를 들었을 땐 애니와 조지는 이미 사라진 뒤였고, 늙은 주주빈만 거대하고 조용한 컴퓨터 앞에서 큰 소리로 웃고 있었다. 어찌나 자지러지게 웃던지, 빳빳하게 다림질한 하얀

손수건을 꺼내 주름진 양 볼을 타고 흘러내리는 눈물을 닦아 내기까지 했다. 마침내 웃음이 멈추자, 주주빈은 모니터를 다시 켰다. 그러나 이번에는 채널을 바꿨다.

빈센트는 쓰레기 더미 사이로 노인이 지금 무얼 하고 있는지 지켜보았다. 스크린에 보이는 방에서는 작은 두 형체가 안을 돌아다니고 있었다. 빈센트는 최대한 조용히 조금 더 주주빈 쪽으로 다가갔다. 그때 주주빈이 구식 마이크를 집어 들더니, 마이크에 대고 말하기 시작했다.

"조지, 애니……."

주주빈이 말했다.

구형 코스모스의 출입구로 걸어 들어간 조지와 애니는 완전히 어둠 속에 휩싸였음을 알았다. 그들 뒤에서 출입구 문이 찰칵 하고 닫혔다. 두 아이는 자신들이 어디에 있는지 전혀 알지 못했다. 그때 등이 하나 탁 켜지면서, 그들의 새로운 환경을 비춰 주었다. 둘은 잠시 놀란 표정으로 멍하니 서 있었다. 둘이 슈퍼컴퓨터가 열어 준 문으로 들어갔을 때 이런 곳이었던 적은 한 번도 없었다. 코스모스의 문으로 들어갈 때는 주로 다른 중력 조건 때문에 낯선 행성의 대기로 붕붕 날아오르거나, 표면에 바짝 붙어서 느리게 움직이는 데 익숙했다. 이전에 여행했을 때는, 거무스름한 메탄 호수나, 버섯구름을 일으키며 폭발하는 화산이나, 끈적거리는 용

았으나, 행성을 집어삼키는 모래 폭풍을 만났다. 그들은 폭발하는 블랙홀의 운명이 고속으로 진행되는 모습을 목격했을 뿐만 아니라, 하늘에 두 개의 태양이 떠 있는 기이한 광경을 본 적도 있었다. 그러나 이런 곳은 처음이었다.

어떤 면에서 조지와 애니가 있는 곳은 그저 평범한 방에 지나지 않았다. 때문에 왜 그렇게 으스스한 느낌이 드는지 설명하기가 어려웠다. 그 방은 사각형이었고, 천장은 보통 높이였으며, 편안해 보이는 소파와 텔레비전, 편안한 안락의자 두 개, 무늬가 있는 양탄자, 두꺼운 표지로 제본된 수백 권의 책들이 알파벳 순서로 깔끔하게 배열된 서가가 놓여 있었다.

한쪽 안락의자에서는 고양이 한 마리가 기지개를 켜며 만족스럽게 가르랑거리는 소리를 냈다. 애니가 곧장 달려가 닫혀 있던 커튼을 홱 열어젖혔다. 그러자 정상에 눈이 덮여 있고, 낮은 비탈면에는 거무스름한 전나무들이 빽빽이 자란 산이 보였다. 봉우리들 위에는 파란 하늘이 펼쳐져 있었지만, 더 먼 산 너머에서 시커먼 구름이 몰려오고 있었다.

"여기가 대체 어디지?"

애니가 물었다.

"나도 몰라."

조지가 주위를 둘러보면서 천천히 말했다.

"하지만 거대 강입자 충돌기가 아닌 건 분명해."

두 아이 모두 이 방의 무언가가 아주 잘못되었다는 걸 느낄 수 있었다.

"창밖에 있는 저게 알프스 산맥인가?"

애니가 희망을 걸고 물었다.

"문을 열고 나가야 하지 않을까? 어쩌면 충돌기가 바로 근처에 있을지도 몰라."

그들이 들어왔던 문은 굳게 닫혀 있었다. 두 사람 모두 그 문을 바라보았다.

"문을 열고 나가면 다시 폭스브리지로 가게 되지 않을까? 여기가 어디든 빠져나가려면 또 다른 문이 필요할 거야."

조지가 말하는 순간, 구닥다리 텔레비전이 저절로 켜졌다. 지직거리며 흑백 섬광들이 화면을 지나가더니, 희미한 작은 영상이 나타났다. 조지와 애니를 부르는 목소리가 들렸는데 바로 주주빈이었다. 주주빈 교수는 빈센트가 바로 뒤에 숨어서 기습할 순간만을 기다리고 있는 줄도 모르고, 텔레비전을 통해 그들에게 말하고 있었다.

"조지, 애니."

화면에 자리 잡은 주주빈 교수가 말했다.

"주주빈 교수님이야!"

애니가 소리쳤다. 그들은 이제 주주빈을 또렷이 볼 수 있었다. 주주빈은 배경에 쓰레기 더미를 두고 더 가까이 다가와 있었다. 조지는 이제 모든 것을 이해하게 되었다. 포도주 저장실에서 들었던 목소리와, 주주빈이 끼고 있던 노란색 안경과, 라디오 뉴스 방송에서 들었던 말들과, 지하실에 있는 구형 코스모스의 은밀한 사용까지 모든 것을 말이다.

"그게 다 당신 짓이었군요!"

조지가 텔레비전에 대고 말했다.

"당신이 우주를 돌아다니다가 블랙홀 속에 물건을 떨어뜨렸죠! 보통 사람들이 겁을 먹고 토래그에 가입하게 하려고, 당신은 진짜 진공 이론을 만들어 낸 거예요! 당신이 바로 과학 탐구단을 배반한 내부자였고요. 당신은 최고 물리학자들이 모조리 한 장소에 모이도록 오늘 밤 회의를 소집했어요. 당신만 빼고 모든 걸 폭파시킬 수 있도록 말이에요! 또 처음부터 당신의 말이 옳았던 것처럼 보이게 하려고, 과거에 일어났던 일을 바꾸고 싶어 하는 거예요. 이제는 모든 사람의 기억 속에서 사라져 버린 당신의 이론이 거대 강입자 충돌기가 폭발할 거라고 입증한 것처럼 보이게 하려고 말이에요!"

"그리고 나는 내 목적을 모두 이루었지."

주주빈이 비열하게 말했다.

"이제 조금만 있으면 충돌기가 정말로 폭발할 테고, 세계는 내가 결코 잊혀서는 안 될 과학자라는 사실을 깨닫게 될 거란다! 내가 그동안 죽 옳았던 것처럼 보일 테고, 내게 반박할 다른 물리학자는 아무도 없을 테니까 말이야. 내가 이긴 거야!"

"아니, 당신은 사람들을 속인 거예요!"

조지가 텔레비전에 대고 소리쳤다.

"그건 이긴 게 아니에요! 최고의 패자가 되는 것뿐이라고요!"

애니가 조지의 말을 가로막으며 물었다.

"여기는 대체 어디예요?"

애니가 얼굴을 화면에 바짝 대면서 외쳤다.

"교수님은 우리가 거대 강입자 충돌기에 안전하게 도착할 거라고 약속했잖아요! 탐구단의 선서를 걸고 맹세했잖아요."

"저런, 저런, 순진하긴."

주주빈이 낄낄대며 웃었다.

"네가 성급하게 가정하는 어린애 같은 습관에 빠지지 않고 더 신중하게 들었더라면, 내 말을 제대로 알아들었을 텐데. 난 너희가 목적지에 안전하게 도착할 거라고 했고, 그렇게 되었잖니. 나는 그 목적지가 어디라는 말은 결코 한 적이 없단다."

애니가 문으로 달려가 그 앞에 멈추어 섰다.

"잠깐! 기다려!"

조지가 소리쳤다.

"애니, 문을 열지 마. 뭐가 있을지 모르니까 말이야."

"바로 그거야. 얘들아, 너희는 지금 역 슈뢰딩거 트랩 속에 갇혀 있단다. 정말로 쉬웠지! 알아서 제 발로 순순히 걸어 들어갔으니까 말이야!"

"그게 무슨 말이죠?"

애니가 당황해서 물었다.

"그건 말이지……."

조지가 무겁게 한숨을 내쉬었다.

"우리가 문을 열어야만 어디에 있는지 알게 된다는 뜻이야. 우리는 어디에도 있을 수 있지만, 문이 닫혀 있는 동안에는 확실히 알 수 없어."

"정말로 똑똑하구나, 정말로 똑똑해."

주주빈이 감격하며 말했다.

"문이 계속 닫혀 있는 동안에는 무한한 수의 장소에 있지. 내가 몇 가지 가능성을 알려 줄까?"

갑자기 창문으로 보이는 경치가 노란빛이 돌며 뜨겁게 달아오른 무언가의 모습으로 변했다. 애니와 조지 모두 창으로 들어오는 눈부신 빛을 피해 뒤로 물러났다.

"어쩌면 너희는 지구 한가운데에 있는지도 몰라."

주주빈이 능글맞게 말했다.

"내핵의 투명한 중심 속에 갇혀서 말이야. 그런 경우라면 너희는 태양의 표면만큼이나 뜨겁고 지름이 2400킬로미터나 되는 단단한 철 덩어리의 중심에 있게 되겠지. 그 압력은 행성 표면 압력의 350만 배에 달한단다. 그러니 어서 문을 열어라. 제발! 꼭 좀 그렇게 해 줘! 그렇게 되면 어떤 일이 일어날지 굉장히 알고 싶으니까 말이야. 바싹 튀겨질까, 아니면 형체도 모르게 짓이겨질까? 어느 게 먼저겠니?"

조지의 입이 쩍 벌어졌다. 그는 겁에 질린 눈으로 창문을 쳐다보았다.

"질문 없니?"

주주빈이 물었다.

"그러면 내가 지질학 강의를 계속하도록 할

게. 이 철 덩어리 주변에는 외핵인 액체 철이 있지. 하지만 그것도 무엇이든 바삭바삭하게 튀길 정도로 뜨겁단다. 그 바깥에는 때때로 화산 용암이 빠져나오는 또 다른 암석 맨틀이 있단다. 그 정도 깊이로 들어가도 너희의 피는 동맥 속에서 부글부글 끓게 될 거야. 저 아래는 믿을 수 없을 정도로 뜨거우니까 말이야. 하지만 그게 끝이 아니란다. 너희가 표면에 다다르기 위해서는 거기서부터 40킬로미터의 암석 지각을 파야만 할 거야. 물론 단 몇 킬로미터만 파고도 해저까지 헤치고 나왔다는 것을 알게 될지도 모르지! 아, 애들아!"

주주빈이 두 손을 꼭 쥐었다.

"그러면 너희에게 무슨 일이 벌어질지 너무 궁금하구나. 제발 좀 보자꾸나."

애니가 충격으로 털썩 주저앉았다. 어쩌다 그 밑에 깔린 고양이가 성이 나서 앙칼지게 울부짖었다. 그러고는 애니 밑에서 꿈틀거리며 나와 소파 위에 한 자리를 차지하고는, 자신의 발을 핥으면서 살기 어린 표정을 지어 보였다.

창문 밖 풍경이 다시 변했다. 이번에 그들은 햇빛이 전혀 들어오지 않을 정도로 깊숙한 해구 속에 있었다. 뒤에 있는 방에서 흘

러나오는 불빛으로, 구불구불한 암초들과 해저의 어떤 구멍에서 새어 나오는 검은 연기를 볼 수 있었다.

"너희가 태평양 해저의 뜨거운 열천에 있게 되었다고 해 보자."

주주빈이 만족스러운 듯 혼자서 히죽이 웃었다.

"선사 시대 때 이상하게 생긴 생물들이 인간의 눈을 피해 존재하면서, 지구의 중심에서 구멍을 비집고 뿜어져 나오는 광물을 먹고 살던 곳에 말이야."

그때 두 아이의 키보다도 더 긴 커다란 벌레 한 마리가 창문으로 곧장 헤엄쳐 오다가 쾅 하고 부딪혔다. 그 길쭉한 벌레의 몸통이 유리를 따라 철버덕 하는 소리를 내자 벌레가 놀라서 뒤로 물러났다.

"이런, 녀석이 너희를 보지 못했구나!"

주주빈 교수가 탄성을 질렀다.

"녀석한테 눈이 없기 때문이란다. 녀석은 거대한 관벌레지. 얼마나 사랑스러운 동물이니. 너희도 녀석과 함께 헤엄쳐 보고 싶지 않니? 꽤 다정한 친구란다."

주주빈이 얼빠진 말을 해 댔다.

"하지만 그건 사실 중요하지 않지. 너희는 열수가 분출되는 구멍에서 나오는 열기에 산 채로 튀겨질 거거든. 먼저 익사하지 않는다면 말이야."

조지는 애니 옆에 앉아서 애니를 안아 주었다. 애니는 떨고 있었다.

"더는 보지 마. 주주빈 교수는 우리에게 겁을 주려는 거야. 말려들지 마."

하지만 조지 자신도 창밖의 무시무시한 광경에서 눈을 뗄 수가 없었다.

"내가 아직도 너희를 만족시키지 못한 것 같구나!"

주주빈이 슬프게 말했다. 창밖 풍경이 한 번 더 바뀌었다. 이번에는 끝없이 펼쳐진 빙원만 보였다.

"따뜻한 걸 좋아하지 않을지도 모르겠구나! 그럼 다른 풍경을 보도록 하자. 어쩌면 너희는 남극에 있는지도 몰라. 남극의 한겨울에 말이야."

세찬 바람이 창문을 때렸다. 펭귄 한 무리가 돌풍처럼 불어닥치는 차가운 공기를 피해 고개를 숙이고 있는 모습이 보였다.

"얘들아, 출입구 반대편에는 무한한 가능성이 있단다."

주주빈이 말을 이었다.

"어쩌면 너희는 쿼크라는 게 어떤 것인지 알아낼 수 있을 만큼 양자 크기로 줄어들었는지도 몰라!"

"그럴 리가 없어요!"

조지가 악을 쓰며 말했다.

"그건 불가능하다고요!"

"아, 정말? 세 개의 쿼크와 수많은 쿼크-반쿼크 쌍과 글루온들이 가득 차 있는 양성자 안에 영원히 갇혀 있을 수 없을까? 빠져나올 가능성은 아주 희박할 거야. 지금까지 아무도 강입자 밖에 있는 쿼크를 본 사람이 없으니, 아무도 너희를 보지 못할……."

"아니에요."

조지가 단언했다.

"그건 완전히 터무니없는 거짓말이에요."

"그건 너희가 직접 알아내도록 하렴."

주주빈이 능글맞게 말했다.

"과학의 근본은 실험이니, 내가 틀렸다는 것을 입증할 실험 결과를 내놓길 고대하마."

"닥쳐요!"

애니가 소리쳤다.

"우린 여기서 나가야만 해요!"

"제발 그래다오. 더는 질질 끌지 말고 말이야. 그저 문을 열기만 하면 돼."

"하지만 나갈 수가 없어요!"

애니가 소파에 풀썩 주저앉으면서 말했다.

"문을 열었다가 죽을지도 모르잖아요……."

"그저 가능성일 뿐이야."

주주빈이 기운을 돋우며 말했다.

"우리가 갇혀 있다는 말이군요……."

조지가 천천히 말했다.

"이 방에……. 영원히."

"그래서 내가 읽을거리를 많이 마련해 두었단다. 서가에서 모든 교재들을 찾을 수 있을 거야. 그리고 냉장고에는 먹을 게 조금 있고 말이지."

애니가 벌떡 일어나더니, 마치 냉장고가 이 함정에서 벗어날 방법을 알려 주기라도 하듯, 앞으로 가서 자세히 살폈다.

양자 세계

불확정성과 슈뢰딩거의 고양이

양자 세계(the quantum world)는 원자와 아원자 입자들의 세계이다. 반면에 고전 세계(the classical world)는 사람들과 행성들의 세계이다. 두 세계는 매우 다른 장소인 것처럼 보인다.

C
(고전 세계)

- 무언가가 어디에 있으며 얼마나 빨리 움직이고 있는지 모두 알 수 있다.

- A에서 B로 이동하는 공은 유한한 경로를 가진다. 만약 도중에 구멍이 두 개 뚫린 벽이 있다면, 그 공은 어느 한쪽 구멍을 통과한다.

- 그 공이 다른 곳이 아닌 B로 갈 거라는 사실을 알고 있다.

- 조용한 관찰은 그 공의 운동에 영향을 미치지 않는다.

Q
(양자 세계)

- 두 가지 모두 정확히 알 수 없으며, 어쩌면 어느 것도 전혀 모를지도 모른다. 이것이 바로 하이젠베르크의 '불확정성의 원리'이다.

- 어떤 입자는 A에서 B까지 다양한 구멍이 있는 경로들을 포함하는 모든 경로를 가진다. 그 경로들이 계속 더해져서 A에서부터 퍼져 나가는 파동 함수를 만든다.

- 그 입자는 파동 함수가 도달할 수 있는 곳은 어디라도 갈 수 있다. 그저 관측을 해야만 그것이 어디에 있는지 발견할 수 있다.

- 관측은 파동 함수를 완전히 변화시킨다. 만약 입자를 C에서 관측한다면, 파동 함수는 C에서 완전히 붕괴한다(그 뒤 다시 퍼져 나간다.).

상자 속의 고양이!

그러나 고양이들(고전적인!)은 원자들(양자!)로 이루어져 있다. 에르빈 슈뢰딩거는 고양이에게 무슨 의미일지 상상했다. 하지만 당신의 애완용 고양이에게 이런 실험을 하지는 마라(슈뢰딩거도 실제로 실험을 하지는 않았다.)! 그는 독극물과 복사 검출기와 소량의 방사능 물질이 든 (빛과 소리가 완전히 차단된) 상자 속에 고양이 한 마리를 넣었다고 상상했다. 검출기가 삑삑거리면(원자가 복사를 만들기 때문에), 독극물이 자동적으로 방출된다. 그 상자 안에 한동안 넣어 둔, 고양이는 여전히 살아 있을까? 상자 속의 원자들(고양이의 원자들을 포함해서)은 모든 가능한 경로를 취한다. 어떤 경로에서는 복사가 생산되어 독극물이 방출되고, 또 어떤 경로에서는 그렇지 않다. 오직 상자를 열어서 관측을 해야만 고양이의 생사를 확인할 수 있다. 그 전에는 고양이가 확실히 죽은 것도, 확실히 살아 있는 것도 아니다. 어떤 면에서, 그것은 둘 모두의 결합이다!

그러나 냉장고 안에 들어 있는 거라고는 시리얼 박스 한 상자와 커다란 초콜릿 바 다섯 개, 그리고 '고양이'라고 적힌 우유 한 병뿐이었다.

"시리얼과 초콜릿?"

애니가 투덜거렸다.

"더할 나위 없이 좋은 음식이지."

주주빈이 차갑게 말했다.

"너희에게 좋아하는 음식을 물어보았다면 좋았겠지만, 정말로 시간이 없었단다. 굉장히 급하게 굴었잖니."

"그러니까 여기가 교수님의 방이로군요?"

조지는 이제야 이해가 가는 것 같았다.

"교수님이 숨을 때는 여기에 사는군요. 교수님이 사라질 때는, 이곳에 온 거예요."

"그곳은 평화롭단다."

주주빈이 시인했다.

"내게 생각할 시간을 주는 곳이지."

"그러면 출구가 있는 게 분명해요."

조지가 텔레비전 앞에서 손가락으로 주주빈을 가리키면서 말했다.

"당신이 폭스브리지로 돌아왔다면, 우리도 틀림없이 돌아갈 수 있어요. 당신이 여기로 들어와 문을 열었을 때, 아무 데나 가게 되는 모험을 하지는 않을 테니까요. 당신은 이 방을 이용해서 거대 강입자 충돌기와 다른 장소에 갔던 게 분명해요. 그게 바로 당신이 여행하는 방법이었어요."

"그래, 물론이지!"

주주빈이 시인했다.

"나는 텔레비전 원격 조종기를 이용해 관찰을 해서 출입구가 명확한 장소를 고르게끔 할 수 있단다. 그래서 내가 문을 열면, 그게 내가 고른 목적지로 데려다주었던 거지."

"원격 조종기!"

조지가 외쳤다.

"애니, 텔레비전의 원격 조종기를 빨리 찾아야 해!"

"열심히 찾아보렴."

주주빈이 빈정거렸다. 그러고는 스크린 앞에서 어떤 물체를 흔들었다.

조지는 주주빈이 손에 원격 조종기를 쥐고 있는 것을 보고, 좌절감에 또다시 힘이 쭉 빠졌다.

"우리 아빠가 폭발해 버리는 동안, 우리를 그냥 여기에 내버려 둘 건가요?"

애니가 매우 조용히 물었다. 마치 모든 희망이 사라져 버린 듯이 보였다.

"그렇단다."

주주빈이 확실히 대답했다.

"폭발하는 모습을 지켜보고 싶니? 원한다면 너희를 위해 텔레비전에 그 모습을 틀어 줄 수도 있어. 난 내 손님들을 행복하게 해 주고 싶거든."

"싫어요!"

애니가 어찌나 크고 고통스럽게 외치던지, 폭스브리지에 있는 빈센트는 그 소리를 듣고 지금이야말로 행동할 시간이라는 걸 깨달았다.

17장

　빈센트는 노교수 뒤에서 애니와 조지를 함정에서 구할 단서를 얻기를 바라고 있었다. 힘을 쓰면 노인을 쉽게 제압할 수 있겠지만, 그게 무슨 소용이란 말인가? 주주빈이 스크린에 보이는 저 이상한 방에서 조지와 애니를 꺼내는 방법을 말해 주지 않는다면, 둘은 전보다 훨씬 더 큰 곤란에 빠질 수도 있었다.

　빈센트가 조지의 휴대 전화를 흘끗 내려다보자, 화면에 '부재중 전화-집'이라는 메시지가 떠 있는 것이 보였다. 바로 그 순간, 애니의 고통스러운 외침이 들렸고, 더는 가만히 있을 수 없음을 깨달았다.

　빈센트는 만반의 준비를 하고, 낡은 가구들 더미에서 고함을 지르며 펄쩍 뛰어나왔다. 그러고는 허공을 날아 주주빈 바로 뒤에 착지하면서, 날쌔고 정확하게 목덜미를 내리쳤다. 주주빈이 놀라서 절반쯤 돌아섰지만, 마치 늙은 나무처럼 비틀거리더니 눈알이

돌아가면서 바닥으로 쓰러져 의식을 잃고 말았다.

빈센트는 스크린에서 애니와 조지가 놀란 표정으로 자신을 빤히 쳐다보고 있다는 걸 알았다.

"빈센트!"

애니가 텔레비전 화면에 대고 마구 입을 맞추었다.

조지가 애니를 뒤로 잡아끌었다.

"빈센트! 정말로 대단했어!"

조지가 말했다.

"빈센트, 넌 정말 최고야!"

애니가 소리쳤다.

조지가 애니를 다시 팔꿈치로 밀며 말했다.

"하지만 빈센트, 우린 이제 어떻게 나가지?"

"우리 아빠한테 전화해!"

애니가 소리쳤다.

"아빠에게 거대 강입자 충돌기에 폭탄이 있다고 말해."

빈센트는 조지의 휴대 전화에서 에릭의 전화번호를 찾았다. 그러고는 초록색 통화 버튼을 누르고 기다렸다. 그러나 전화기가 꺼져 있으니 나중에 다시 하라는 음성만 돌아왔다.

"원격 조종기!"

조지가 외쳤다.

"빈센트, 주주빈 교수님한테서 원격 조종기를 가져와!"

빈센트는 트위드 양복을 입고 콧수염을 한쪽으로 축 늘어뜨린 채 바닥에 널브러져 있는 주주빈을 내려다보았다. 몸을 숙여 주주빈의 손아귀에서 원격 조종기를 빼내고는, 조지와 애니가 볼 수 있도록 텔레비전 앞에 들어 올렸다.

"이거니?"

빈센트가 물었다.

"맞아! 바로 그거야!"

조지가 기뻐서 외쳤다.

"이제 우리를 꺼내 줄 수 있니?"

"그러니까, 어, 어떻게?"

빈센트가 조용히 물었다.

"어떻게 작동시키는 거지?"

"맙소사, 내가 그 생각을 못했군. 나도 몰라."

조지가 안타깝게 말했다.

"네가 더 자세히 살펴보면 어떨까?"

빈센트가 원격 조종기를 스크린에 더 바짝 갖다 댔다.

"아무 소용없어."

조지가 좌절감에 빠져 말했다.

"화면이 선명하지 않아. 그리고 빈센트."

조지가 덧붙였다.

"서둘러야 해. 시간이 별로 없어!"

"거대 강입자 충돌기로 직접 전화해!"

애니가 거들었다.

"사람들한테 폭탄이 있다고 말해!"

"소용없어. 빈센트가 하는 말을 아무도 믿지 않을 거야. 이제 방법은 하나뿐이야. 우리가 직접 거기로 가서 폭탄의 뇌관을 제거해야 한다고."

반대편에서는 빈센트가 원격 조종기를 뚫어지게 쳐다보고 있었다.

"우리 집에 있는 텔레비전 조종기는 '입력' 버튼을 누르면 텔레비전의 기능들이 바뀌던데."

빈센트가 천천히 말했다.

"역 슈뢰딩거 트랩의 기능을 바꾸는 것도 그거랑 비슷한 것 같아. 그러니까 함정에서 출입구로 바꾸는 거야. 한번 해 볼까?"

빈센트가 초조하게 물었다.

"당장 하도록 해! 우리한테 희망은 그것뿐이니까!"

조지가 외쳤다.

빈센트가 심호흡을 한 번 하고는 '입력' 버튼을 눌렀다. 아무 일도 일어나지 않았다. 그러나 버튼을 다시 누르자, 코스모스의 스크린에 어떤 목록이 나타났다. 슈뢰딩거 트랩 안에 있는 텔레비전 화면에도 똑같은 선택 목록이 나타났다. 빈센트는 목록에 있는 첫 번째 선택지를 큰 소리로 읽었다.

"폭스브리지."

이어서 역 슈뢰딩거 트랩 안에서 기다리고 있는 친구들에게 두 번째 선택지를 읽어 주었다.

"거대 강입자 충돌기."

"그 장소들은 주주빈이 방문했던 곳이 틀림없어! 그러니까 우리가 충돌기를 선택한다면, 그가 폭탄을 놓아둔 장소로 데려가 줄지도 몰라! 만약 그 조종기에 화살표 버튼이 있다면, 그 버튼을 눌러서 거대 강입자 충돌기를 선택해 줘."

조지가 매우 빠르게 말했다.

"모르겠어!"

빈센트가 초조하게 말했다. 스케이트보드나 태권도 같은 위험한 스포츠를 하는 거라면, 무섭지 않았다. 그러나 친구들을 어떤 위험 속으로 보내야 하는 일에 직면하자, 두려운 생각이 들었다.

"난 할 수 없어! 너희를 거대 강입자 충돌기로 보낼 수 없어! 거기에 폭탄이 있다는 걸 알고 있는데, 어떻게 거기로 보내!"

"빈센트, 얼른 해!"

애니가 조지를 다시 옆으로 밀면서 말했다.

"우리를 거대 강입자 충돌기로 보내 줘야 해! 네가 그렇게 하지 않으면, 우리 아빠는 결코 집에 돌아오지 못할 거야. 리퍼 박사님이 그렇게 말했단 말이야! 네가 빨리하면 할수록 우리가 도착해서 폭탄을 찾아 뇌관을 제거할 시간이 많아질 거야. 얼른 버튼을 눌러, 빈센트! 그러면 문을 열게. 우리를 거기로 보내 줘!"

빈센트가 고통스럽게 한숨을 내쉬고는, 스크린에서 커서로 '거대 강입자 충돌기'라는 밝은 글자 위에서 맴돌고 있는 선택 버튼을 눌렀다.

빈센트가 버튼을 누른 순간, 조지가 앞으로 손을 뻗어 문을 열었다.

빈센트는 스크린을 통해 문으로 사라지는 친구들의 뒷모습을 마지막으로 보았다. 빈센트는 코스모스를 제대로 작동시켰을까? 조지와 애니는 거대 강입자 충돌기에 무사히 도착할까? 폭탄이 터지려고 하는 거대 강입자 충돌기로 친구들을 보내는 게 옳았을까? 두 사람을 다시 폭스브리지로 돌아오게 해야 하지 않았을까? 그리고 만약 잘못된 버튼을 눌러서 두 사람이 웜홀 같은 기이한 곳을 통과하게 했다면 어떻게 될까? 우연히 두 사람을 과거로 보냈다면 어떻게 하지? 그러면 무슨 일이 벌어질까?

빈센트는 조용히 바닥에 주저앉아 머리를 두 손으로 감쌌고, 그러는 동안 이 모든 사악한 짓을 저지른 주주빈은 바닥에서 코를 골고 있었다.

웜홀과 시간 여행

당신이 개미이고 사과 표면에서 산다고 상상해 보자. 사과는 당신이 타고 올라갈 수 없을 정도로 가느다란 실로 천장에 매달려 있다. 그러므로 사과의 표면은 당신의 전체 우주이다. 당신은 어디에도 갈 수 없다. 이제 어떤 벌레가 사과를 파먹어서, 당신은 두 경로의 어느 쪽으로든 사과의 한쪽에서 다른 쪽으로 걸어갈 수 있다. 즉 사과의 표면(당신의 우주)을 돌아갈 수도 있고, 웜홀(벌레 구멍)을 통해 지름길로 갈 수도 있다.

우리의 우주가 이 사과와 같을 수 있을까? 우리의 우주에 있는 어떤 장소와 또 다른 장소를 연결시켜 주는 웜홀들이 있을 수 있을까? 만약 그렇다면, 그러한 웜홀들은 우리에게 어떻게 보일까?

웜홀은 한쪽 끝에 하나씩, 입구가 두 개 있을 것이다. 한쪽 입구는 런던에 있는 버킹엄 궁전에 있고, 또 다른 하나는 캘리포니아의 어떤 해변에 있을지도 모른다. 그 입구들은 공같이 둥근 구형일지도 모른다.

런던의 입구를 들여다보면(크리스털 공 속을 들여다보는 것 같다.), 파도가 치고 야자수들이 흔들리는 캘리포니아 해변이 보일 것이다. 캘리포니아 입구를 들여다보는 당신의 친구는 런던에 있는 당신이 궁전과 호위병들 앞에 서 있는 모습을 볼 수 있을지도 모른다. 크리스털 공과 달리, 이 입구들은 단단하지 않다. 당신은 런던에서 커다란 구형 입구 안으로 바로 걸어 들어갔다가, 잠깐 동안 이상한 터널을 통과한 뒤, 캘리포니아의 해변에 도착해서 친구와 파도타기를 하면서 하루를 보낼 수도 있을 것이다. 그러한 웜홀이 있다면 멋지지 않을까?

사과의 내부는 3차원이지만(동-서, 남-북, 상-하), 표면은 오직 2차원이다. 사과의 웜홀은 3차원 내부를 뚫고 들어감으로써, 2차원 표면에 있는 점들을 연결시켜 준다. 마찬가지로, 당신의 웜홀은 우리 우주의 일부가 아닌 4차원(혹은 어쩌면 훨씬 더 많은 차원) 초공간을 뚫고 들어감으로써, 우리의 3차원 우주에 있는 런던과 캘리포니아를 연결시켜 준다.

우리의 우주는 물리학 법칙의 지배를 받는다. 이 법칙들은 우주에서 일어날 수 있는 일과 일어날 수 없는 일을 말해 준다. 이 법칙들이 웜홀의 존재를 허용할까? 놀랍게도 답은 '그렇다'이다!

불행히도 (그런 법칙에 따르면) 대부분의 웜홀은 굉장히 빨리 파열해서(그 터널 벽들이 붕괴될 것이다.) 아무도 그리고 아무것도 그 여행에서 살아남을 수 없다. 이런 파열을 막기 위해서는 웜홀 속에 기이한 물질을 끼워 넣어야만 한다. 그것은 음의 에너지라는 물질로, 웜홀을 계속 열어 두는 일종의 반중력 힘을 만들어 낸다.

그러면 음의 에너지를 가진 물질이 존재할 수 있을까? 놀랍게도 이번에도 역시 답은 '그렇다'이다! 그리고 그러한 물질은 날마다 물리학 실험실에서 만들어지지만, 극히 적은 양만 만들어지고, 극히 짧은 시간 동안만 존재한다. 그것은 아무것도 없는 공간에서 약간의 에너지를 빌려 옴으로써, 즉 '진공'에서 에너지를 빌려 옴으로써 만들어진다. 그러나 진공에서 빌려 올 때는 빌린 양이 아주 적지 않는 한, 아주 빨리 돌려줘야만 한다. 우리가 어떻게 알까? 우리는 수학을 이용해서 물리학 법칙을 상세히 조사함으로써 이것을 알게 된다.

만약 당신이 뛰어난 엔지니어인데 웜홀을 계속 열어 두고 싶다고 가정하자. 웜홀 안에 음의 에너지를 충분히 모아서 그곳으로 당신의 친구들이 여행할 수 있을 만큼 오랫동안 유지하는 게 가능할까? 내 생각으로는 그게 '불가능'하지만, 지구상의 누구도 아직은 확실히 알지 못한다. 우리는 지금까지 그것을 알아낼 만큼 똑똑하지 못했다.

만약 그 법칙들이 웜홀을 열려 있게 한다면, 그러한 웜홀들이 우리의 우주에서 자연적으로 생길까? 그럴 가능성은 없어 보인다. 그것들은 거의 확실히 엔지니어들이 만들어서 인위적으로 유지되어야 할 것이다.

인간 엔지니어들은 오늘날 과연 웜홀을 만들어 열어 둘 수 있는 기술을 지니고 있을까? 그것은 상당히 요원한 일이다. 웜홀 기술은 그게 설령 가능하다고 해도, 동굴에서 살던 사람들이 우주 비행을 하는 것만큼이나 어려운 일이 될 것이다. 그러나 웜홀 기술을 완전히 터득한 매우 진보한 문명에서는 웜홀이 성간 여행의 이상적인 방법이 되는 멋진 일이 될 것이다.

당신이 그러한 문명의 엔지니어라고 상상해 보라. 웜홀의 한쪽 입구(크리스털 공 같은 구 가운데 하나)에 우주선을 두고 우주로 고속으로 날아갔다가 다시 당신의 고향 행성으로 돌아와 보라. 물리학 법칙은 이런 여행이 우주선에서 보고 느끼고 측정할 때는 며칠 걸릴 수 있지만, 행성에서 보고 느끼고 측정할 때는 몇 년이 걸릴 수 있을 거라고 말해 준다. 그 결과는 기이하다. 즉, 당신이 만약 그 우주여행 입구로 걸어 들어갔다가 터널 같은 웜홀을 통해 집에 있는 입구로 나온다면, 당신은 몇 년쯤 더 과거로 돌아갈 것이다. 웜홀이 과거로 여행하는 타임머신이 된 것이다!

그러한 타임머신이 있다면, 당신은 역사를 바꿀 수 있을 것이다. 당신은 과거로 돌아가 어느 날 더 젊은 당신을 만나서 그날 일터로 나가면 트럭에 치일 테니 집에 머물러 있으라고 말할 수 있을 것이다.

스티븐 호킹은 물리학 법칙이 어느 누구도 타임머신을 만들지 못하게 하므로, 역사는 절대로 바뀌지 못할 거라고 추측해 왔다. '연대표(chronology)'라는 단어는 '발생 순서대로 배열한 사건이나 날짜'를 의미하기 때문에, 이것은 '연대표 보호 가설(Chronology Protection Conjecture)' 혹은 '시간 순서

보호 가설'이라고 불린다. 우리는 스티븐이 옳은지 어떤지 확실히 모르지만, 물리학 법칙이 타임머신을 만들지 못하게 해서 시간 순서를 보호하는 두 가지 방식은 알고 있다.

첫째, 그 법칙들은 언제나 가장 진보한 엔지니어들조차도 웜홀을 열어서 우리가 여행할 정도의 음의 에너지를 모으지 못하도록 막을 것이다. 놀랍게도 스티븐은(물리학 법칙을 이용해서) 모든 타임머신이 음의 에너지를 필요로 한다는 것을 입증했고, 따라서 웜홀을 이용하는 타임머신뿐만 아니라 어떤 타임머신도 만들 수 없을 것이다.

타임머신을 방해하는 두 번째 방법은 다음과 같다. 나는 누구라도 타임머신을 작동시키려고 하는 순간, 엄청난 폭발이 일어나 타임머신 스스로 파괴될 것임을 물리학자 동료들과 함께 입증했다. 물리학 법칙은 이것이 사실임을 강력하게 암시한다. 그러나 우리는 아직 그것을 확신할 정도로 그 법칙들과 예측들을 이해하지 못한다.

따라서 최종 결론은 분명하지 않다. 우리는 물리학 법칙이 매우 진보한 문명들에게는 성간 여행을 위한 웜홀이나 과거로 돌아가는 타임머신을 만들게 허용하는지 어떤지 확실히 모른다. 확실히 알아내기 위해서는 스티븐이나 나나 다른 과학자들이 이루어 낸 법칙들을 더 깊이 이해해야 한다.

그것은 차세대 과학자들인 바로 여러분이 해야 할 도전이다.

킵 S. 손 박사

18장

한편 토래그의 비밀 본부에서는 이 조직의 지도층이 스크린 앞에 모여 앉아서 거대 강입자 충돌기 통제실의 모습을 은밀한 내부자들에게 보여 주고 있었다.

"이걸 보면 재미있을 거요."

지도층 가운데 하나가 보고 싶은 척하고 있는 리퍼에게 말했다. 리퍼는 자신이 토래그의 계획을 폭로한 사실이 탄로 날까 봐, 진짜 감정을 드러내지 못했다.

"마침내 당신의 오랜 적인 에릭 벨리스가 영원히 사라지는 광경을 보게 될 것이오! 그리고 무엇보다도 충돌기가 파괴되면, 대중은 폭발한 이유가 그 실험이 너무 위험했기 때문이며 에릭이 그동안 모든 위험에 대해서 거짓말을 해 왔다고 생각할 것이오."

"하하."

리퍼가 억지로 공허한 웃음소리를 냈다.

"정말로…… 확실하게 끝나겠군요……."

리퍼는 우주로 몰래 빠져나가 고속으로 공전하는 소행성에서 조지를 만난 결과로, 어떻게든 이 섬뜩한 음모가 실패로 돌아가기를 바랐다.

시계는 계속 똑딱거리며 지나갔다. 충돌기에서 비상 회의는 저녁 7시 30분에 시작하기로 되어 있었다. 시간은 이미 7시 15분이었다. 과학자들이 통제실에 모여들고 있었다. 전자 장비와 관련된 굴에 있는 통제실은 회의를 하기에 매우 은밀하고 안전한 장소였다. 충돌기 터널들과 검출기 굴들처럼 지하에 있기는 했지만, 이곳은 벽이 무척 두꺼워서 과학자들이 실험에 영향을 주지 않도록 보호해 주었기 때문에 출입이 금지되어 있지 않았다.

그곳은 또한 안전하고 은밀했다. 아니, 인류를 위한 과학 탐구단은 그렇게 믿었다. 감시 카메라를 설치해 둔 사실을 몰랐으므로, 그들은 누군가 자신들을 보거나 엿듣는 게 불가능하다고 생각했다. 그러나 탐구단이 꼭 피해야 하는 바로 그 사람들이 다른 곳에서 그들의 움직임 하나하나를 지켜보고 있었다.

그 방 한복판에는 그리드와 긴 인터뷰를 마친 뒤 지쳐서 상태가 약간 더 나빠진 작은 코스모스가 놓여 있었다. 코스모스의 스크린은 선명하지 않고 흐릿했으며, 뒤에는 전선 몇 개가 삐죽이 나와 있었다. 어떤 과학자가 그 방으로 걸어 들어와 코스모스를 살피더니, 은빛 휴대용 컴퓨터가 손상된 걸 발견하고는 얼굴을 찡그렸다.

"저 사람이 벨리스인가요?"

한 복음 전도사가 스크린을 빤히 쳐다보면서 물었다.

"아니요, 벨리스는 아직 그 방에 없습니다."

리퍼가 대답했다. 그는 에릭이 충돌기의 어딘가에서 조지한테 양자 역학 폭탄에 대한 이야기를 들었을지 확실히 알고 싶었다.

"7시 40분까지는 벨리스가 그곳에 도착해야 합니다."

토래그의 지도층 한 사람이 심술궂게 말했다.

"그가 폭발의 중심에 있어야만 하니까요."

몇 분이 또 지나가자 리퍼는 숨을 죽였다. 마침내 시계가 7시 30분을 가리켰을 때, 통제실 문이 열리더니 에릭이 자신의 운명을 단호하게 맞이하기로 결심한 듯, 성큼성큼 걸어 들어왔다.

한편, 2미터 두께의 벽 반대쪽에서는 조지와 애니가 문을 지나 역 슈뢰딩거 트랩에서 급히 달려 나오다가, 서로의 발에 걸려 넘어지면서 금속 바닥 위로 나동그라지고 말았다.

"저리 가!"

애니가 조지 밑에서 소리쳤다. 조지는 한쪽으로 굴러서 일어서려고 했지만, 다리에 힘이 풀린 것 같았다. 그는 잠시 바닥에 누워서 앞에 우뚝 솟아 있는 거대한 금속 원반을 바라보았다.

마치 둥글고 빛나는 태양이 중심 원반에서 햇빛을 방사형으로 퍼뜨리는 모습을 간단히 그린 듯한 모양이었다. 원의 가장자리 둘레에는 파란 금속판으로 만들어진 고리가 있었고, 더 바깥쪽에는 관 모양의 거대한 회색빛 팔들이 에워싸고 있었다. 이 기계는 마치 대성당처럼 고결하고 조용하고 인상적인 모습으로 그들을 내려다보고 있었다. 또 숨죽여 작은 소리로 속삭이게 만드는 위압적인 장소이기도 했다.

조지가 불안하게 일어섰다. 두 아이는 플랫폼 같은 곳에 내린 것 같았다. 애니는 아직 일어나지 않고 바닥에 잔뜩 웅크리고 누워 있었다.

"괜찮아?"

조지가 애니에게 물었다.

애니가 얼굴을 조지 쪽으로 돌렸지만 눈은 여전히 감은 채였다. 애니가 잠시 눈을 깜박이다가 떴고, 눈부신 파란 섬광을 보았다. 애니는 두 눈을 다시 질끈 감았다.

"응, 괜찮아. 그저 자다가 깼는데, 누군가가 불을 켠 느낌이어서 그래. 조금 있으면 괜찮아질 거야."

조지는 주위를 둘러보았다.

"아무도 안 계세요?"

조지가 부드럽게 외쳤다. 하지만 그 소리는 기계가 삼키기라도 한 듯 텅 빈 공간 속으로 순식간에 사라져 버렸다. 조지는 삑삑거리는 이상한 수신 신호들을 들을 수 있었다. 그러나 주변엔 아무도 없는 것 같았다.

외부인이 출입하자마자 움직임을 발견한 작은 운동 센서들이 경보 시스템을 작동시켜, 보안 카메라들이 침입자들의 사진을 시설 곳곳에 설치된 보안 모니터로 전송한다는 사실을 조지는 전혀 모르고 있었다. 두꺼운 벽들로 에워싸인 복잡한 기계 안에 있었기 때문에, 조지와 애니는 연동 장치가 시작되어 빔 덤프를 개시했음을 알리는 전기 경적 소리를 들을 수가 없었다. 이는 양성자 빔들이 충돌기의 빔파이프에서 나와, 강철 실린더 속에 든 7미터 길이의 흑연 실린더들을 때리고 있음을 의미했다. 그러나 두 사람은 자신들의 존재가 감지되어, 극적이고 시끄러운 반응을 일으켰다는 사실을 알 도리가 없었다.

애니가 비틀비틀 일어나면서 눈을 빠르게 깜박거렸다.

"우리가 우주선 안에 있는 건가?"

애니가 주위를 둘러보면서 속삭였다.

"여기가 우주선의 엔진실일까?"

"그런 것 같지 않아."

조지가 고개를 가로저었다.

"중력이 정상이잖아. 그리고 산소 탱크 없이도 숨을 쉴 수 있고. 우리는 지구에 있는 것 같아. 여기는 거대 강입자 충돌기인 게 틀림없어. 구형 코스모스가 우리를 제대로 된 장소에 데려다주었다는 뜻이지."

"휴, 다행이다."

초조할 때는 언제나 그렇듯이, 애니가 조지 옆으로 바짝 다가붙었다.

"이제 어디로 가야 하지? 아빠를 어떻게 찾아? 그리고······."

조지가 막 대답을 하려는 순간, 애니가 갑자기 비명을 질렀다.

"꺄악!"

"왜 그래?"

조지가 당황해서 물었다. 애니 바로 옆에 서 있었지만, 무서운 걸 전혀 발견하지 못했기 때문이다.

"내 다리에 뭔가······ 털이 난 게······ 있어!"

애니가 겁에 질려서 얼어붙은 듯 기어들어 가는 소리로 말했다. 조지가 아래를 내려다보았다. 주주빈의 험악한 트랩에 있던 까만 점박이 고양이가 애니의 발목 주위를 걸어 다니고 있었다.

조지가 고양이를 두 팔로 번쩍 들어 올렸다.

"괜찮아."

조지가 애니와 고양이 모두에게 진정시키듯이 말했다.

"주주빈의 고양이일 뿐이야. 녀석이 우리와 함께 웜홀을 통과한 게 틀림없어."

조지가 고양이를 쓰다듬자, 고양이는 가르랑거리며 조지에게 더 바짝 다가붙었다.

"정말로 안전할까?"

애니가 놀란 가슴을 쓸어내리며 의심스럽게 말했다.

"설마 주주빈 교수님이 고양이로 변해서 우리를 따라온 건 아니겠지?"

"아냐, 그럴 리 없어."

조지가 고양이의 부드러운 털을 어루만지면서 말했다.

"이 고양이는 상냥해. 아마 녀석도 우리만큼이나 그 방에서 나오고 싶었을 거야. 봐……."

고양이의 턱 밑에 글씨가 새겨진 메달이 걸려 있었다.

"뭐라고 쓰여 있니?"

애니가 글씨를 읽을 수 있도록 동그란 원반을 비틀었다.

"상금!"

애니가 읽었다.

"죽었거나 살았거나!"

애니가 원반을 다시 돌렸다.

"슈뢰디. 이 고양이 이름인가 봐. 잠깐, 또 다른 말이 있네."

그 밑에는 더 작은 글씨로 이렇게 쓰여 있었다.

"나는 혼자 걷는 고양이다."

그때 갑자기 고양이가 식식거리더니 발톱으로 조지를 할퀴었다. 조지는 고양이를 얼른 내려놓았다.

"아얏!"

조지가 소리쳤다.

"그것 봐. 아까 그 소름 끼치는 방에서 나온 건 어떤 것도 믿어

선 안 된다니깐."

애니가 험악하게 말했다.

고양이는 네 발로 착지해서는, 발레리나가 토슈즈를 신고 서듯이, 발톱을 세우고 섰다. 그러고는 몇 번 더 식식거리더니 금속 바닥을 긁었다. 고양이 등에서 털이 곤추섰고, 녀석은 마치 보이지 않는 적과 마주 대하고 있는 것처럼 몸을 활처럼 구부렸다. 그러고는 콧수염을 파르르 떨면서 조지를 올려다보았다가 다시 외면했다.

"왜 그래, 슈뢰디?"

조지가 고양이 옆에 웅크리고 앉으면서 물었다.

"또 다른 속임수가 아닐까?"

애니가 주의를 주었다.

슈뢰디가 어슬렁어슬렁 앞으로 몇 발짝을 걸어갔다가, 돌아서

서 다시 왔다. 그러고는 조지 주위를 몇 바퀴 돌더니, 멀리 갔다가 또다시 돌아왔다. 그러는 동안 내내, 고양이는 조지의 방향을 의미심장하게 흘끗흘끗 쳐다보았다.

"녀석은 우리가 따라오기를 바라는 모양이야."

조지가 천천히 말했다.

"넌 고양이 따위를 따라가고 싶니?"

애니가 믿을 수 없다는 듯이 이맛살을 찌푸렸다.

"말하는 햄스터가 날 우주로 보낸 적도 있는걸, 뭐."

조지가 말했다.

"그리고 거대 강입자 충돌기를 폭파하고 싶어 안달하는 미치광이 과학자가 나를 기이한 방에 가두기도 했고 말이야. 그러는 마당에, 고양이를 따라가면 왜 안 되겠어? 녀석은 결국 주주빈의 고양이잖아."

"난 녀석이 슈뢰딩거의 고양이인 줄 알았지."

애니가 툭 던지듯 말했다.

"아무려면 어때! 녀석은 물리학 고양이야. 어쩌면 녀석이 뭔가를 알고 있을지도 모르잖아. 어쩌면 녀석이 슈뢰딩거 트랩에 있는 창문으로 주주빈이 거대 강입자 충돌기에 폭탄 숨기는 걸 보았는지도 모르고 말이야. 그리고……."

조지가 거대하고 조용한 기계를 둘러보았다.

"우리에겐 이제 따라갈 만한 다른 단서도 없고, 너희 아빠와 폭탄을 어떻게 찾아야 하는지도 모르잖아."

애니는 손에 전화기를 들고 있었지만 신호가 잡히질 않았다.

"만약 이게 거대 강입자 충돌기라면, 우리는 지하에 있는 거야. 저건……"

조지가 손가락으로 기계를 가리켰다.

"아마 양성자들이 충돌하는 관을 에워싼 검출기 같은 거겠지."

"그 말은 우리가 지구 밑에 있다는 거네."

애니가 천천히 말했다.

"지하에 말이야."

"그래. 우리는 어떤 함정에서 나와 또 다른 함정으로 들어온 거야. 단지 이번 함정이 지난번 함정보다 훨씬 더 위험할 뿐이지. 그러나 우리가 이곳으로 온 데에는 어떤 이유가 있는 게 분명해. 구형 코스모스는 주주빈이 전에 갔던 충돌기로 우리를 보냈어. 그건 폭탄이 여기 어딘가에 있어야 한다는 얘기야."

슈뢰디가 다시 식식거리며 발톱으로 성마르게 바닥을 긁었다. 으스스한 고요가 감도는 거대한 검출기 옆에서, 두 아이는 폭탄이 째깍거리는 소리가 들리는 것만 같았다. 그리고 마지막 순간에 그 폭탄이 마침내 폭발해서, 인류의 가장 위대한 실험과 수많은 인간을 파괴시키는 모습을 상상했다.

"저 고양이를 따라가자!"

애니가 갑자기 침묵을 깨뜨렸다.

"자, 슈뢰디, 우리를 안내해 줘."

슈뢰디가 수염을 핥고는 새침한 미소를 지어 보이더니, 플랫폼의 가장자리 쪽으로 올라갔다. 파란 계단들이 아래쪽으로 이어져 있었다. 계단 맨 위에서 고양이가 잠시 멈추고는 기대하듯이 조지를 올려다보았다.

"녀석은 네가 안아 주기를 바라고 있어."

애니가 해석해 주었다.

"할퀴면 안 돼, 슈뢰디!"

조지가 고양이를 두 팔로 번쩍 들어 올리고는 덜거덕거리며 계단을 내려갔다. 애니도 시끄러운 소리를 내면서 조지를 따라 금속 계단을 내려갔다.

두 아이가 바닥에 다다르자, 슈뢰디가 꿈틀거리며 조지의 품을 벗어나서는 바닥으로 우아하게 착지했다. 아이들은 거대한 아틀라스 검출기의 구부러진 측면 밑으로 성큼성큼 걸어가는 고양이를 따라갔다.

"조지."

그들이 발뒤꿈치를 들고 까만 점박이 고양이 뒤를 살금살금 따라가고 있을 때, 애니가 조지의 소매를 잡았다.

"만약 슈뢰디가 우리를 폭탄으로 안내하지 않으면 어떻게 하지? 그러면 어떡해?"

조지는 배가 아파 왔다.

"나도 몰라."

조지는 용감하게 들리도록 애쓰면서 시인했다.

"우리는 너희 아빠를 찾을 테고, 아저씨는 폭탄을 멈출 수 있을 거야. 틀림없이 그렇게 될 테니, 걱정 마, 애니!"

그러나 두 아이는 자신들이 콘크리트와 암석과 몇 층의 금속 기계로 에워싸인 깊은 지하에 있다는 걸 알고 있었다. 만약 그들이 미처 뇌관을 제거하기도 전에 폭탄이 터진다면, 폭발을 피할 방법은 없었다.

그들은 거대한 지하실 뒤쪽으로 안내하는 고양이를 따라갔다. 수백만 개의 부속으로 이루어진 아틀라스의 거대한 하복부가 그들 앞에 불쑥 모습을 드러냈다. 아이들은 인류가 지금까지 만들어 낸 장치 중 가장 큰 실험 장치를 놀란 눈으로 쳐다보았다.

"만약 폭탄이 저 안에 있다면, 우린 절대로 찾지 못할 거야."

애니가 작은 소리로 말했다.

조지는 절망감이 밀려들었지만 슈뢰디는 달리 할 일이 있었다. 고양이가 식식거리면서 또다시 발톱을 구부리더니, 애니의 다리를 할퀴었다. 애니는 청바지를 입고 있었는데도 통증을 느꼈다.

"아얏! 이 못된 고양이가!"

애니가 화가 나서 소리쳤다.

그러나 고양이는 흔들림이 없었다. 고양이가 두 아이를 간절하게 올려다보더니, 긴 꼬리를 흔들며 구석에 있는 음료 자동판매기로 향했다. 두 아이는 자동판매기가 있는 줄도 몰랐다. 주변에 기이한 것들이 하도 많아서 전혀 눈에 들어오지 않았던 것이다.

"슈뢰디!"

애니가 화가 나서 소리쳤다.

"우린 지금 너한테 한가하게 음료수나 사 주고 있을 시간이 없어! 지금 걱정해야 할 게 태산이라 머리가 터질 것 같단 말이야!"

하지만 조지는 음료 자동판매기를 유심히 살폈다.

"애니, 이 음료 자동판매기……. 좀 이상하지 않니?"

조지가 부드럽게 말했다.

애니가 자동판매기를 더 주의 깊게 살펴보았다. 위쪽 절반은 칸이 여러 개로 나누어져 있었고, 각 칸마다 음료의 그림과 주문할 때 누르는 버튼이 있었다. 다양한 음료 밑에는 손으로 쓴 안내판이 기계 앞으로 삐죽이 나와 있었다. 그 안내판에는 '고장'이라고 쓰여 있었다.

아름다운 우주

용골자리 성운 안에 있는
성간 가스와 먼지 기둥.

가시광선 모습.
가스마다 색깔이 다르다.

적외선 모습.
파장마다 색깔이 다르다.

아름다운 우주

용골자리 성운에 있는 우주의 얼음 조각 작품들.

아름다운 우주

아름다운 우주

독수리 성운.

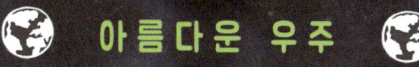

아름다운 우주

초승달 성운.

© Daniel López, IAC

아름다운 우주

오리온자리에 있는 별 양성소.

아름다운 우주

아름다운 우주

성간 버섯구름. 산산이 부서지는 초신성 폭발에서 나와 공간으로 팽창하고 있는 가스.

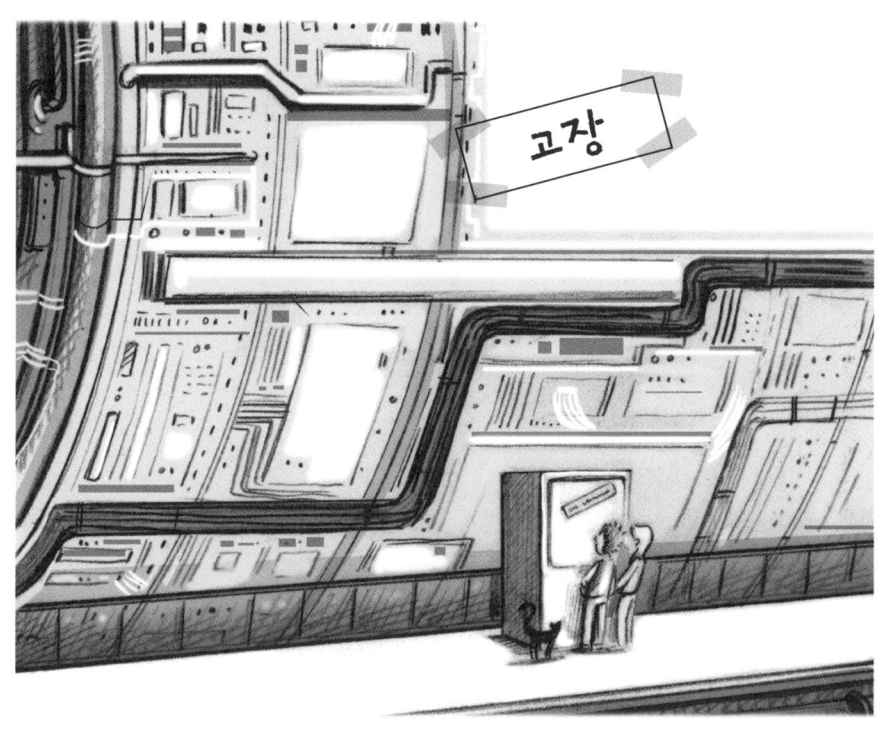

"이런 음료 이름은 처음 들어 봐."

애니가 조지를 다시 돌아보면서 말했다.

"이것들은 실제 음료가 아니야! 맛 좋은 쿼크! 질척한 글루온! 땅콩이 든 중성미자! 이런 게 다 뭐야? 그리고 '고장'이라고 쓰여 있는데도 불이 켜져 있잖아."

조지가 얼른 자동판매기의 음료 개수를 세어 보았다.

"여덟 개로군."

조지가 진지하게 말했다.

"여기엔 선택할 음료가 여덟 개가 있어. 그리고 리퍼 박사님은 폭탄에 스위치가 여덟 개 있다고 했지."

애니는 숨이 멎는 것 같았다.

"폭탄이 이 음료 자동판매기 안에 있구나, 그렇지? 폭탄의 뇌관을 제거하려면, 올바른 음료를 선택해야만 해."

조지는 주머니에서 푸키가 친절하게 출력해 준, 긴 숫자 암호가 적힌 종잇조각을 꺼냈다.

"바로 이거야! 이게 바로 스위치들을 작동시켜서 폭탄을 터지게도 하고 멈추게도 할 수 있는 암호야. 양자 중첩이란 폭발에 사용된 스위치는 여덟 개여도 중요한 스위치는 오직 하나뿐이라는 것을 의미해. 문제는 어느 게 중요한 건지 모른다는 거지."

"그러면 우리가 만약 음료 버튼을 잘못 선택해서 누르면 자동판매기가 폭발할까?"

애니가 물었다.

"그래. 그리고 하나씩 시도해 볼 때까지는 올바른 음료가 어떤 것인지 알 도리가 없을 거야. 하지만 리퍼 박사님은 폭탄이 터지지 않도록 뭔가를 했다고 말했어. 이미 관측해 두었다고 했는데……."

"박사님이 관측을 했다면……."

애니는 그 뜻을 금방 이해한 것 같았다.

"박사님이 양자 중첩인가 뭐가 하는 게 일어나지 않기 위해서 폭탄이 어떤 맛의 음료를 사용해야 하는지 이미 알아보았다는 말이야. 리퍼 박사님은 폭탄의 뇌관을 제거하려면 어떤 스위치를 사용해야 하는지 알고 있었던 게 틀림없어. 푸키는 너에게 그 스위치들을 작동시키는 암호를 보내 주었고."

"그러면 우린 그저 올바른 음료를 선택하기만 하면 되는 거야."

조지가 흥분해서 말했다.

"그뿐이야."

"그뿐이야……."

애니가 되풀이해서 말하며 자동판매기 속에 있는 음료들을 빤히 쳐다보았다. 그러고는 애니가 한 발짝 앞으로 다가섰다.

"함부로 만지지 마."

조지가 애니에게 주의를 주었다.

"어쩌면 건드리면 바로 폭발하도록 만들었을지도 모르니까."

"만지려는 게 아니야. 선택을 해야 하니까 자세히 보려는 것뿐이야. 저길 봐!"

동전을 넣는 입구 밑으로, 선택한 음료 값에 해당하는 동전들을 세는 화면이 있었다.

그 화면에는 두 개의 숫자가 나타났는데, 숫자는 빠르게 감소하고 있었다. 80이 금방 79로 바뀌었다.

"저건 폭발 때까지 남은 시간을 나타내는 걸 거야. 그러니까 우린 얼른 무언가를 선택해야만 해. 그렇지 않으면 폭탄이 터져 버리고 말 거야. 우리가 여덟 개의 스위치를 모두 한 번에 누르면 어떻게 될까? 그게 효과가 있을까?"

"없지."

조지가 단호하게 말했다.

"왜냐하면 이게 음료 자동판매기이기 때문이야. 자동판매기의 기발한 점이 바로 그거거든. 생각해 봐. 보통 음료 자동판매기로 음료를 사 먹으려면 한 번에 버튼 하나만 눌러야 하잖아. 오직 한 개만 선택하게 하는 거지. 그러니까 한 개 이상은 버튼을 누를 수 없어."

"그럼 어떤 버튼을 눌러야 하는데?"

애니가 답답한 듯 물었다.

조지가 침을 꿀꺽 삼키고는, 주르륵 늘어서 있는 자동판매기 음료들의 이름을 차례대로 읽었다.

"거품이 이는 W. 맛 좋은 쿼크. 질척한 글루온. 얼어붙은 광자. 땅콩이 든 중성미자. 전자 에너지 드링크. 히히힉스업. 레몬 맛 아이스 타우."

화면의 숫자는 이제 60으로 바뀌면서 시간이 빠르게 지나가고 있음을 보여 주었다. 조지는 슈뢰디를 내려다보았다.

"뭐 좋은 생각 없니?"

조지가 묻자, 고양이는 마치 최선을 다했다고 말하는 것처럼 슬프게 고개를 가로젓는 듯했다. 고양이가 조지의 발 위에 몸을 잔뜩 움츠리고 누워서는 수염을 깨끗이 다듬기 시작했다.

"애니, 넌?"

조지가 희망을 걸고 물었다.

"저 가운데 하나는 이상한 음료인 게 틀림없어. 저 가운데 하나는 리퍼 박사님이 양자 관측을 하는 데 사용한 장치인 게 분명해. 폭탄이 여덟 개의 암호들 가운데 하나를 선택하도록 말이지. 그런데, 어느 걸까?"

"W와 Z 보손……."

조지가 혼잣말로 되풀이해 말했다.

"쿼크, 글루온, 광자, 중성미자, 전자, 힉스, 타우……. 대체 어느 것일까?"

갑자기 머릿속에 어떤 생각이 퍼뜩 떠올랐다.

"유레카!"

조지가 외쳤다.

"알아냈어! 바로 힉스야! 그게 바로 이상한 음료야."

"확실해?"

애니가 놀라서 물었다.

시간을 보여 주는 화면은 이제 폭발까지 30초밖에 남지 않았음을 보여 주었다.

"힉스야."

조지가 얼른 말했다.

"그건 이론적인 입자야. 나머지는 우리가 알고 있는 것들이야. 그런 입자들이 존재한다는 걸 우리가 알고 있다고. 그러나 우리는 힉스 입자가 정말로 존재하는지, 그게 우리의 나머지 지식을 멋지게 이어 맞춰 주는 유용한 방법인지도 몰라."

"그럼 얼른 눌러!"

애니가 다그쳤다.

"얼른 누르라고, 조지, 당장! 너무 늦기 전에 말이야!"

조지가 몸을 앞으로 숙이는 순간, 시간 표시 화면이 15초 남았음을 보여 주었다. 조지의 손이 머뭇거렸다.

만약 조지가 틀렸다면 어떻게 될까?

만약 조지가 틀린 버튼을 눌러서, 거대 강입자 충돌기와 그 안에 있는 모든 사람과 모든 것이 폭발한 책임을 져야만 한다면 어떻게 될까?

머릿속에서 한 가지 기억이 괴롭혔다. 에릭은 한때 양자 이론의 모든 관측이 기본적으로 어떻게 예측이 불가능한지 말해 준 적이 있었다(그는 '불확실하다'는 단어를 사용했다.). 물리학자들은 그저 어떤 특정한 결과의 확률만 계산할 수 있었고, 그 확률은 오직 특별한 상황에서만 확실했다. 그러면 리퍼 박사는 어떻게 조지가 '히히힉스업'을 선택하도록 만들었을까? 조지는 푸키의 종잇조각을 내려다보았다. 그리고 죽 늘어서 있는 번호의 마지막이 대문자 H라는 것을 깨달았다.

시간 표시 화면이 계속 9, 8, 7, 6, 5로 내려가고 있을 때, 조지는 마침내 자신이 그 문제를 해결했음을 확신하고, 힉스 음료를 선택하는 버튼을 눌렀다. 그러자, 자동판매기 앞에서 번쩍이던 불빛이 멈추었다. 오직 히히힉스업 버튼만 계속 번쩍거렸다. 시간 표시 화면은 4초에서 멈춰 있었다. '암호를 입력하시오.'라는 문구가 음료 버튼 옆에 있는 창으로 지나갔다.

조지는 얼른 푸키가 준 암호의 번호를 쳐 넣었다. 그 즉시 자동판매기 전체에 잠시 불이 들어오더니 살짝 흔들렸다. 시간 표시 화면이 사라지고, 그 자리에 '무장 해제'라는 문구가 나타났다.

두 아이가 놀라서 지켜보는 사이, 덜커덩거리는 소리가 나면서 자동판매기 밑에 있는 투명한 쟁반으로 음료 캔 하나가 나오더니, 즉시 자동판매기의 작동이 멈춰 버렸다.

"성공했어!"

조지가 말했다.

"이건 내가 전혀 예상하지 못한 일이지만 말이야!"

슈뢰디가 행복하게 가르랑거렸고, 애니도 마음이 놓여 바닥에 털썩 주저앉았다. 그때 갑자기 또 다른 소리가 들렸다. 이번에는 육중한 문이 열리고, 가까이 다가오는 발자국 소리였다. 소리는 점점 더 가까워졌고, 흐트러진 복장을 한 에릭이 거대한 기계의 가장자리를 돌아 나오다가, 아이들을 발견하자 우뚝 멈춰 섰다.

"애니! 조지! 대체 어떻게 된 거니?"

에릭이 외쳤다.

그의 뒤로, 아틀라스 굴로 허겁지겁 달려온 과학자들이 넋 나간 표정으로 나타났다.

경보기가 울렸을 때, 과학자들은 아틀라스 검출기 굴에 어린애 두 명이 들어온 사실을 알았다! 침입자들의 모습을 보여 주는 컴퓨터 스크린 주위로 사람들이 몰려들었다. 그들을 헤치고 나온 에릭은, 그 두 명이 자신의 딸 애니와 애니의 단짝 조지와 놀라울 만큼 닮았음을 알았다. 에릭이 놀란 채로 다른 과학자들과 함께 지켜보는 동안, 이 두 형체가 아틀라스 앞에 있는 계단을 내려가 카메라의 시야에서 벗어났다. 그 순간, 에릭이 통제실에서 후다닥 뛰어나와 아틀라스 검출기 쪽으로 돌진한 것이다.

"아빠!"

애니가 아빠의 품에 안기면서 외쳤다.

"무사하셨군요! 충돌기는 이제 폭발하지 않을 거예요! 과학은 끝나지 않았어요!"

"대체 무슨 말을 하는 거니?"

에릭이 어리둥절한 표정으로 말했다.

"벨리스 교수님."

한 과학자가 말했다.

"교수님과 관련되어 보이는 이 두 아이가 어떻게 거대 강입자 충돌기에서 출입이 금지된 지하실에 나타나 연동 장치를 작동시키고 빔 덤프를 개시시켰는지 설명해 주실 수 있나요?"

"아, 링 박사님."

에릭이 방금 질문한 과학자에게 고개를 끄덕이면서 말했다.

"무슨 일인지 설명해 주실 수 있나요?"

링 박사는 겨드랑이에 작은 은빛 랩톱인 코스모스를 끼고 있었다. 갑자기 통제실에서 뛰쳐나가 아틀라스 검출기 굴로 향하는 에릭을 급히 따라가는 순간에도, 링 박사는 코스모스의 감시를 소홀히 할 수 없었던 게 분명했다.

"아니요, 저도 어떻게 된 건지 영문을 모르겠습니다!"

에릭의 대답에 과학자들이 이맛살을 찌푸렸다. 그때 조지가 얼른 앞으로 나갔다.

"저기…… 안녕하세요, 여러분."

조지가 간신히 입을 뗐다.

"소동을 피워서 죄송합니다. 이 음료 자동판매기 안에 양자 역학 폭탄이 들어 있었어요."

"음료 자동판매기 안에?"

링 박사가 의심스러운 눈초리로 말했다.

"이 자판기는 오랫동안 고장 나 있었어! 그동안 아무도 그걸 사용한 적이 없었는데……. 하지만 폭탄을 숨기기에 그보다 좋은 곳은 없었겠군."

"만약 폭탄이 터졌다면, 충돌기 전체가 파괴되었을 거예요. 우리는, 그러니까 저와 애니 말이에요. 저 혼자서는 절대로 알아내지 못했을 테니까요. 우리는 그 폭탄을 작동시키거나 멈추게 하는 스위치가 여덟 개 있다는 것을 알았어요. 자동판매기에는 여덟 가지의 선택이 있고, 그것은 각각 그 폭탄에 있는 스위치를 나타낸다는 것을 의미하죠. 우리는 암호도 갖고 있었어요."

조지가 푸키의 암호가 적힌 종잇조각을 흔들었다.

"그리고 우리는 그 폭탄을 만든 자가 이미 은밀히 관측했다는 걸 알았어요. 그래서 어느 선택이 맞는 것인지 알아내기만 하면 되었죠. 올바른 음료를 골라내는 문제였어요. 그리고 우리는 그게 '힉스'인 게 틀림없다고 생각했어요. 왜냐하면 다른 음료들은 모두 존재하는 것으로 알려진 입자들의 이름인데, 힉스는 이론적인 입자이며 아직 여기 거대 강입자 충돌기에서 한 실험으로 확인하지 못했으니까요."

조지가 애니를 살폈다.

"여기에 있는 암호가 'H'로 끝나기 때문에 그건 올바른 선택이었어요. 우리는 힉스를 고른 뒤 암호를 쳐 넣었고, 폭탄은 이제 무장 해제되었어요."

"아……. 처음으로 힉스가 거대 강입자 충돌기에서 제대로 관측되었군요. 그것도 음료 자동판매기를 통해서 말이에요!"

어떤 과학자가 말했다.

다른 과학자들이 서로 수군거렸다.

"양자 역학 폭탄이라니?"

과학자들이 중얼거렸다.

"그런 극악한 장치를 대체 누가 생각해 낸 거지?"

"이런 끔찍한 일이 어떻게 일어날 수 있었지?"

링 박사가 걱정스러운 목소리로 말했다.

"대체 누가 그런 파괴적인 일을 일으키려고 했니?"

조지와 애니가 서로를 바라보았다. 이번에는 애니가 일어나서 설명하기 시작했다.

"바로 토래그예요."

과학자들이 신음했지만 애니는 계속했다.

"토래그는 고에너지 실험이 잘못된 것처럼 보이도록, 여러분 모두가 여기에 있는 동안 충돌기를 폭파시키려고 했어요. 그들은 그게 일석이조가 되리라고 생각했죠. 세계 최고 물리학자들이 모두 사라지는 동시에, 사람들이 이런 실험이 너무 위험하다고 생각해서 다시는 시도하지 않을 테니까요."

"난 이해가 가지 않는구나."

링 박사가 고개를 갸웃거렸다.

"그들이 어떻게 이런 일을 해낼 수 있었지? 우리는 충돌기에 최첨단 보안 시설을 갖추고 있는데 말이야. 그들이 어떻게 잠입할 수 있었을까?"

"그들에겐 내부자가 있었어요."

조지가 설명했다.

"그 사람이 주주빈 교수님이었니?"

에릭이 슬픈 표정으로 끼어들었다.

"그분이 우리를 배반한 거야, 그렇지? 조지, 그 이유를 아니?"

에릭은 조지가 주주빈의 배반에 대해서 더는 말하고 싶지 않을 정도로 슬퍼 보였다. 그러나 조지는 답변을 해야만 했다.

"어, 그러니까, 애니와 제 생각에는 주주빈 교수님이 구형 코스모스를 타임머신으로 사용해서 과거로 돌아가고 싶어 했던 것 같아요. 교수님은 모든 사람들의 기억 속에서 사라져 버린 자신의 이론들이 결국 옳았고, 에릭 아저씨는 틀린 것처럼 만들고 싶었던 거예요. 또 자신의 이론들이 옳은 듯이 보이도록, 자신이 거대 강입자 충돌기의 폭발을 예측한 것처럼 꾸미려고 했어요."

에릭이 안경을 벗고는 셔츠 끄트머리로 안경을 닦았다.

"오, 맙소사. 가엾은 주주빈 교수님."

"가엾다니, 그게 무슨 말씀이세요?"

조지가 버럭 화를 냈다.

"주주빈 교수님은 우리 모두를 폭파시키려고 했어요! 그런 사람을 가엾게 여길 수는 없어요!"

"그분은 제정신이 아닌 게 분명해."

에릭이 고개를 절레절레 흔들면서 말했다.

"내가 아는 주주빈 교수님은 절대로 이런 일을 하실 분이 아니란다. 그분은 과학이 계속되어야 한다는 것을 아셨을 거야. 그건 누가 옳고 그르고의 문제가 아니야, 진보의 문제이지. 가능한 최선의 일을 하고, 후대 과학자들이 자신이 고안한 일을 확립해 가도록 하는 문제이지. 자신의 이론들이 논박당할지도 모르지만, 그건 감수해야 해. 뭔가 새로운 일을 시도한다는 것은 모험을 한다는 뜻이고, 만약 모험을 하지 않는다면 의미 있는 일은 결코 이루어 내지 못할 거야. 그리고 물론 우리는 때로 그것을 오해하기도 한단다. 그게 요지야. 우리는 시도하고, 실패하고, 다시 시작하고, 그렇게 계속해 나가야만 해. 과학뿐만이 아니라 우리 삶에서도 말이야."

"사실 가장 위대한 도전들은 우리의 예측이 정확한 것으로 드

러났을 때 성취되는 게 아니란다. 예측이 정확하지 않아서, 우리가 안다고 생각한 모든 것을 바꿔야 함을 뜻하는 새로운 정보를 발견했을 때 나오는 거란다."

링 박사가 덧붙였다.

바로 그때, 링 박사의 호출기가 삑삑거리며 맹렬하게 울렸다. 그 자리에 있던 과학자들의 호출기도 모두 마찬가지였다. 꼭 찌르레기 한 무리가 느닷없이 그 방으로 날아든 것만 같았다. 모든 사람이 자신의 호출기를 잡고 짧은 메시지를 읽었다. 커다란 함성이 터져 나왔다.

"무슨 일이죠?"

조지가 어리둥절해서 에릭에게 물었다.

"대체 무슨 일이에요?"

에릭이 두 아이를 다시 껴안았다.

"저건 아틀라스의 소리란다! 그 검출기가 성과를 이루어 냈다는 뜻이지! 우린 거의 예상도 못했는데, 뜻밖의 일이야! 그 검출기가 초기 우주에 대한 어떤 새로운 정보를 얻은 거야. 이제, 내가 그 정보를 코스모스에 입력시킬 수만 있다면……."

에릭이 말꼬리를 흐렸다.

과학자들 모두, 에릭이 코스모스를 관리하는 문제가 아직 해결되지 않았음을 떠올리고, 갑자기 조용해졌다.

링 박사가 생각에 잠긴 표정으로 서 있었다.

"벨리스 교수님."

그가 아주 예의 바르게 말했다.

"아무래도 우리가 아틀라스에서 새로이 얻은 이 놀라운 정보를 조사하기 전에 처리해야만 하는 문제가 있는 것 같군요. 저는 교수님에게 코스모스의 관리를 맡겨야 하는지 묻는 투표를 과학 탐구단에게 부탁하기에 앞서, 이 두 아이가 어떻게 그렇게 많이 알고 있는지 알고 싶습니다. 어린 두 아이가 어떻게 양자 이론에 대한 이런 뜻밖의 지식을 이용해서, 오늘 거대 강입자 충돌기에서 있었던 어마어마한 폭발 사건을 막을 수 있었던 겁니까? 인류의 진보를 수 세기쯤 후퇴시켰을 그런 엄청난 사건을 말이에요."

에릭이 말을 시작할 겨를도 없이 조지가 끼어들었다.

"그건 제가 말씀드릴게요. 저희가 이런 내용을 아는 건 에릭 박사님이 언제나 저희에게 설명해 주셨기 때문이에요. 하지만 박사님은 저희에게 그냥 말씀만 해 주신 게 아니었어요. 박사님은 저희가 이런 내용들을 스스로 알아내도록 우주여행에 계속 데려가셨죠. 박사님은 저희에게 지식을 주기도 하시지만, 또한 그 지식이 어떤 의미인지 스스로 알아내도록 하시는 거예요."

"그러면 에릭이 그렇게 하기 위해서 코스모스를 이용한 거니?"

링 박사가 물었다.

"코스모스는 우리가 그 지식들을 재미있고 흥미롭게 느끼도록 도와줘요."

조지가 또박또박 말했다.

"저희는 그런 식으로 배운 뒤, 새로운 도전에 직면하면 우리가 배운 내용을 다른 상황에 적용해서 해답을 알아내는 방법을 알게 되죠. 그리고 또……."

조지가 잠시 걱정스러운 표정으로 에릭을 쳐다보았지만, 계속하기로 결심했다.

"만약 리퍼 박사님이 아니었다면 저희는 이 일을, 많은 사람의 목숨과 거대 강입자 충돌기를 구하는 이 일을 해내지 못했을 거예요. 리퍼 박사님은 위험을 무릅쓰고 토래그에 가입했어요. 그들이 박사님한테 배신당했다는 것을 알아냈다면, 그분에게 어떤 짓을 했을지 누가 알겠어요? 그리고 리퍼 박사님은 자신의 아바타를 우주로 보내서 제게 그 폭탄에 대해서 말씀해 주셨어요. 리퍼 박사님이 아니었다면, 저희는 결코 그들을 막지 못했을 거예요. 리퍼 박사님을 과학 탐구단에 재가입시키는 문제를 재고해 주시겠어요? 리퍼 박사님은 정말로 환영받고 돌아올 자격이 있어요."

"흠."

링 박사가 신중한 표정을 지었다.

"매우 흥미롭구나. 이 문제들을 표결에 부치도록 하마. 에릭 벨리스 교수님이 그대로 코스모스를 관리하는 데 찬성하시는 분은 손을 들어 주세요."

많은 손들이 올라갔다.

"반대하시는 분?"

단 하나의 손도 올라가지 않았다.

"그러면 그레이엄 리퍼를 과학 탐구단에 재입회시키는 데 찬성하시는 분?"

에릭이 손을 들었는데도 여전히 찬성표가 두 표 모자랐다.

"조지와 애니."

에릭이 유쾌하게 말했다.

"너희도 탐구단의 회원이라고 생각하는데, 투표하겠니?"

두 아이 모두 웃음 지으며 손을 번쩍 들어 올렸다.

"그렇다면, 코스모스를 다시 벨리

스 교수님께 돌려드리도록 하겠습니다."

링 박사가 코스모스를 에릭에게 건네면서 말했다.

"그리고 우리는 리퍼 박사를 찾아서 그에게 회원 자격을 다시 드리도록 하겠습니다. 과학의 파괴를 막는 데 일조하셨으니."

"고맙습니다."

에릭이 코스모스를 기꺼이 움켜쥐면서 말했다.

"고맙습니다, 링 박사님. 고맙습니다, 과학 탐구단 여러분. 하지만 누구보다도 애니와 조지, 너희에게 고맙구나."

"하지만 딱 한 가지……."

과학자들이 엘리베이터 쪽으로 흩어지려는 순간, 링 박사가 말했다.

"벨리스 교수님, 그래도 앞으로 돼지는 안 됩니다. 부탁드릴게요. 아무튼 슈퍼컴퓨터를 이용해서는 말이에요."

"여부가 있겠습니까."

에릭이 얼른 말했다.

"다음에 돼지를 옮겨야 할 때는 제 자동차를 사용하겠습니다."

에릭이 작은 목소리로 덧붙였다.

"제가 녀석을 다시 찾으면 말이에요."

이건 에릭이 이 실험의 결과를 이용해서 초기 우주를 상세히 조사한 뒤, 가장 먼저 해야 할 일이었다.

"말이 난 김에 말인데, 여기에 혹시 고양이가 있나요?"

링 박사가 엘리베이터를 타려고 기다리는 사람들의 뒤에 서면서 물었다.

"도저히 믿을 수가 없어서 말이에요. 고양이가 어떻게 여기로 들어올 수 있었죠?"

"아, 네, 그 고양이는 슈뢰디였어요. 녀석은……."

애니가 말을 하려다 말고 갑자기 멈칫했다. 주위를 돌아본 애니는 까만 점박이 고양이가 온데간데없다는 걸 알았다.

"어쩌면 녀석은 또 다른 차원으로 갔을지도 몰라요."

애니가 놀라서 얼토당토않게 이렇게 추측을 했다.

"결국 M 이론이 옳다면, 녀석은 선택할 차원이 열 개나 있으니까요."

"슈뢰디라고?"

링 박사가 물었다.

"애니의 상상의 친구예요."

조지가 딱 부러지게 말했다.

"애니는 아직 어려서 이런 공상들을 많이 하거든요. 아얏! 왜 때려, 애니! 저리 가."

M 이론 - 11차원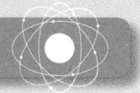

중력과 전체 우주의 모양을 묘사하는 아인슈타인의 고전적인 일반 상대성 이론, 그리고 아주 작은 기본 입자들과 모든 다른 힘들을 설명하는 양자 이론을 어떻게 결합시킬 수 있을까?

가장 성공적인 시도들은 모두 여분의 공간 차원과 초대칭을 수반한다.

여분의 차원들은 커다란 물체들이 알아채지 못하도록 아주 단단하게 돌돌 말려 있다!

초대칭은 더 많은 기본 입자를 의미할 것이다. 예를 들면, 광자(photon)와 어울리는 포티노(photino)와, 쿼크와 어울리는 스쿼크가 있다! (거대 강입자 충돌기가 이것들을 발견할지도 모르며, 심지어 여분의 차원의 존재를 알아낼지도 모른다.)

초끈(초대칭 끈) 이론은 입자들(점들)을 아주 작은 '끈들'(줄들)로 대체한다. 이 끈들은 기타 줄의 다른 음조처럼 다른 방식으로 진동함으로써 다른 유형의 입자처럼 행동한다. 이상하게 들릴지 모르지만, 끈은 중력을 설명할 수 있다!

M 이론 – 11차원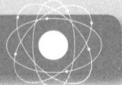

초끈은 10차원으로 존재해야만 한다. 따라서 여분의 공간 6차원은 숨겨져 있어야 한다. 우리는 아직 이런 일이 어떻게 일어나는지 정확히 이해하지 못한다.

1995년에 에드워드 위튼은 다양한 형태의 초끈 이론들 모두가 11차원인 단 하나의 이론의 다양한 근사치라고 제안하고, 그것을 M 이론이라고 불렀다.

'M'이 뜻하는 것에 대해 과학자들마다 의견이 분분하다. 마법(magic)일까, 미스터리(mystery)일까, 마스터(master)일까, 어머니(mother)일까, 아니면 막(membrane)일까? 미래의 과학자들이 그 진실을 밝혀낼 것이다!

과학자들은 그때 이후로 M 이론을 매우 열심히 연구했지만, 여전히 그게 무엇인지, 그게 정말로 '모든 것의 이론'인지 정확히 모른다.

19장

지하실에 있는 세른의 통제실에서는 과학자들이 즐거워하며 컴퓨터 모니터 주변에 모여서, 놀라운 새 데이터를 조사하고 있

었다. 아틀라스와 밑에 있는 터널에서 에너지 충돌들이 일어나면서 밝혀진 데이터였다. 링 박사와 에릭은 이런 결과들을 코스모스에 입력하느라 바빴다.

"이거 정말로 놀랍구나."

에릭이 조지와 애니에게 말했다.

"아틀라스에서 얻은 새로운 정보는 코스모스로 우주를 거꾸로 돌리는 시뮬레이션을 하는 데 도움이 될 거야. 오늘을 시작으로 137억 년 전 과거로 돌아갈 수 있어. 정말 굉장한 일이 될 거야!"

"그런데, 아빠. 시작하시기 전에 엄마한테 전화 좀 거시면 안 돼요? 엄마가 아빠 걱정을 정말 많이 하고 계시거든요. 엄마는 아빠가 무사하시다는 걸 알고 싶으실 거예요."

"아, 물론이지!"

에릭이 탁자 위에 있는 전화기들 가운데 하나를 집어 들고 전화를 걸었다.

"여보세요, 수잔!"

에릭이 전화기에 대고 말했다.

"그래, 그래요, 난 잘 있어요······. 뭐라고? 애니가? 행방불명이라고? 아니, 애니는 여기에 나와 함께 있으니 걱정 마요. 애니가 어떻게 스위스에 왔냐고? 아, 그건 얘기하자면 좀 길어요. 아니, 아니, 조지도 여기에 있어요. 그래요, 우리는 파티에 늦지 않게 돌아갈 거예요. 아니, 주문한 케이크를 가져가기로 한 것도 잊지 않았으니 걱정 붙들어 매요."

에릭이 두 아이가 어떻게 스위스의 거대 강입자 충돌기에 무사히 왔는지 설명하느라 진땀을 빼는 동안, 조지가 링 박사의 어깨를 톡톡 두드렸다.

"링 박사님, 토래그는 어떻게 되나요? 이제 그들에겐 무슨 일이 생길까요?"

링 박사가 사뭇 진지한 표정을 지었다.

"내가 국제 경보를 발효시켰으니, 그들은 곧 체포될 거야. 옳지 못한 행동으로 사람들을 위험에 빠뜨린 데다, 조지 너와 애니가 아니었다면 참담한 비극이 벌어졌을 테니, 마땅한 죗값을 치러야겠지."

"박사님이 그들을 찾으실 건가요?"

"그들이 어디에 있든, 반드시 추적해서 찾아낼 테니 걱정 마렴."

"토래그는 사람들을 전혀 보호하려고 하지 않았어요. 그저 사람들에게 겁을 주어서 그 조직에 가입시켰을 뿐이에요."

"그래, 조지. 그들은 인류를 보호한다는 명목을 내세웠지만, 실은 나쁜 동기를 숨기기 위해 좋은 동기를 이용했던 것뿐이란다. 정말로 사악한 짓이지."

"사실 우리 부모님도 과학을 좋아하지 않으세요."

조지가 털어놓았다.

"그분들은 과학이 이 행성을 망가뜨리고 있다고 생각하세요. 그래서 친환경 방식의 생활을 고집하시는 거죠."

"우리가 귀를 기울여야 할 사람들이 바로 그런 분들이란다. 우리는 그분들의 견해를 무시해서는 안 될 거야. 이 행성은 우리 모두의 것이고, 변화를 이루기 위해서는 모두가 협력할 수 있어야 하니까 말이야."

갑자기 조지는 엄마와 아빠가 자랑스럽게 여겨졌다.

한편, 애니는 아빠에게서 전화기를 빼앗아 폭스브리지에 있는 빈센트와 통화하고 있었다.

"네가 뭘 했다고?"

애니가 와락 웃음을 터뜨렸다. 송화기를 한 손으로 막고 애니가 조지에게 고개를 돌렸다.

"빈센트가 주주빈 교수님을 역 슈뢰딩거 트랩 속에 넣었대! 교수님이 막 의식을 회복할 때 빈센트가 문을 열고 그 안으로 밀어 넣었대!"

조지가 애니에게서 전화기를 빼앗았다.

"와! 정말로 잘했어."

조지가 빈센트에게 감탄하는 목소리로 말했다. 조지는 빈센트에게 고마워하고 있으며, 앞으로는 친구로 지내고 싶다고 털어놓았다.

수화기 반대편에서는 빈센트가 소리 내어 웃고 있었다.

"정말 쑥스러운걸! 너희가 한 일에 비하면 아무것도 아닌데 말이야."

빈센트가 겸손하게 말했다.

"난 그저 에릭 박사님이 돌아오실 때까지 주주빈 교수님을 가둬 두는 게 안전하겠다고 생각했을 뿐이야. 교수님을 모니터로 살펴보았는데, 엄청 화가 나셨더라고! 하지만 내가 문을 단단히 잠가 두었으니 다시는 열 수 없을 거야."

"교수님이 탈출할 수 있을까?"

조지가 물었다.

"절대로."

에릭이 그 대화를 듣고 있다가 대답했다.

"주주빈 교수님은 거기에 꼼짝없이 갇힌 거야. 우리가 내일 보통 사람들처럼 비행기를 타고 폭스브리지로 돌아갈 때까지는 말이야. 걱정하지 마라, 얘들아. 우리가 돌아가면 주주빈 교수님은 내가 맡을 테니까. 그리고 조지, 프레디는 내가 틀림없이 찾아서 녀석이 머물 수 있는 안전한 보금자리를 마련하도록 하마."

애니가 조지에게서 전화기를 빼앗았다.

"안녕, 빈센트!"

애니가 행복하게 말했다.

"내일 보자! 이제 그만 전화를 끊어야 해. 아빠가 이제 막 코스모스로 우주를 거꾸로 돌리려고 하시거든. 우리는 모든 것의 시작으로 돌아가 빅뱅이 일어났을 때 상황이 어떠했는지 알아볼 거야!"

에릭이 코스모스 앞에 앉아서 자판을 두드리는 동안, 링 박사가 그의 어깨 너머로 열심히 지켜보았다. 애니와 조지도 스크린을 보려고 에릭 주위로 조용히 몰려드는 과학자들 사이를 헤치고 들어갔다. 스크린에서 수많은 숫자들이 빠르게 획획 지나가는 동안, 한쪽 구석에서는 작고 붉은 선이 있는 그래프가 조금씩 아래로 내려가 스크린 바닥 쪽으로 향하고 있었다.

"저게 우주의 지름입니다."

에릭이 손가락으로 가리키면서 말했다.

"코스모스가 빅뱅으로 다가감에 따라 우주의 지름이 '0'으로 줄어들고 있는 겁니다."

조지가 지켜보는 동안, 그 선이 갑자기 가파르게 아래쪽으로 향하더니 그래프의 바닥을 향해 거의 수직으로 곤두박질쳤다.

"저게 급팽창이군요."

링 박사가 작은 소리로 말했다.

"기하급수적으로 팽창하는 시기죠. 우리는 벌써 우주가 생겨난 지 처음 1초 되었을 때로 진입한 거예요."

그다음 몇 분 동안은 오직 컴퓨터와 에어컨 소리만 일정하게 들릴 뿐, 주위가 조용했다. 조지는 그 작은 선에서 눈을 뗄 수가 없었다. 그 선은 거의 스크린의 바닥에 있었다. 그러더니 아주 조금 멈추는 것 같았다. 여전히 떨어지고는 있었지만, 그렇게 가파르지는 않았다.

그런데 조지가 뚫어지게 쳐다보는 사이, 그 선이 다시 움직였다. 뒤에 있는 누군가가 심호흡을 하자, 조지가 에릭을 흘끗 쳐다보았다.

에릭은 끝없이 이어지는 숫자들을 앞뒤로 훑으면서, 기뻐서 환히 웃고 있었다.

"우리가 예상했던 게 아니로군!"

에릭이 혼잣말로 속삭였다.

"우리가 예상했던 게 전혀 아니야!"

"뭐가 아니라는 거예요?"

애니가 궁금해서 묻자, 애니의 아빠가 고개를 돌리고 환하게 웃음을 지었다.

"우리가 처음부터 기대했던 게 아니라는 말이란다, 애니. 새로운 물리학! 빅뱅에서는 그런 게 전혀 없는 것 같구나!"

에릭이 다시 코스모스로 고개를 돌리고는 빠르게 자판을 두드리기 시작했다.

애니가 조지에게 고개를 돌렸다.

"뭐가 없다는 거니?"

애니가 물었다.

조지는 여전히 그래프를 지켜보고 있었다. 그 작은 선은 여전히 아래로 내려가고 있었지만, 이제 스크린의 바닥에 바짝 붙어 있을 정도로 평평하게 거의 수평이 되어 있었다.

"나는 알 것 같아……."

에릭이 의기양양한 표정을 지으며 편안히 뒤로 물러나 앉았다.

"이제 곧 알게 될 거란다!"

에릭은 이렇게 외치고는, 몸을 앞으로 숙여 자판의 F4를 눌렀다. 그러자 코스모스의 스크린에서 작은 빛줄기 하나가 나와서는, 모여 있는 과학자들과 링 박사와 에릭과 애니와 조지의 머리 위에 창문 모양을 그렸다.

처음에는 창문 한가운데에 둥근 희미한 물체 하나만 있을 뿐, 어두워 보였다. 하지만 금방 청록색 구가 선명해지더니, 그 축을 중심으로 자전하면서 모성인 태양 주위의 궤도를 따라 여행하는 행성 지구로 변했다.

코스모스가 창문을 지구로 더 가까이 옮기자, 친근한 대륙과 바다가 있고, 사막과 삼림들이 덮고 있는 이 아름다운 행성의 모습이 또렷이 보였다. 그러나 그들이 지켜보고 있을 때, 지구 표면의 모양이 변하고 있는 것 같았다.

〈3부 마침〉

시간 : 현재 빅뱅 이후 137억 년

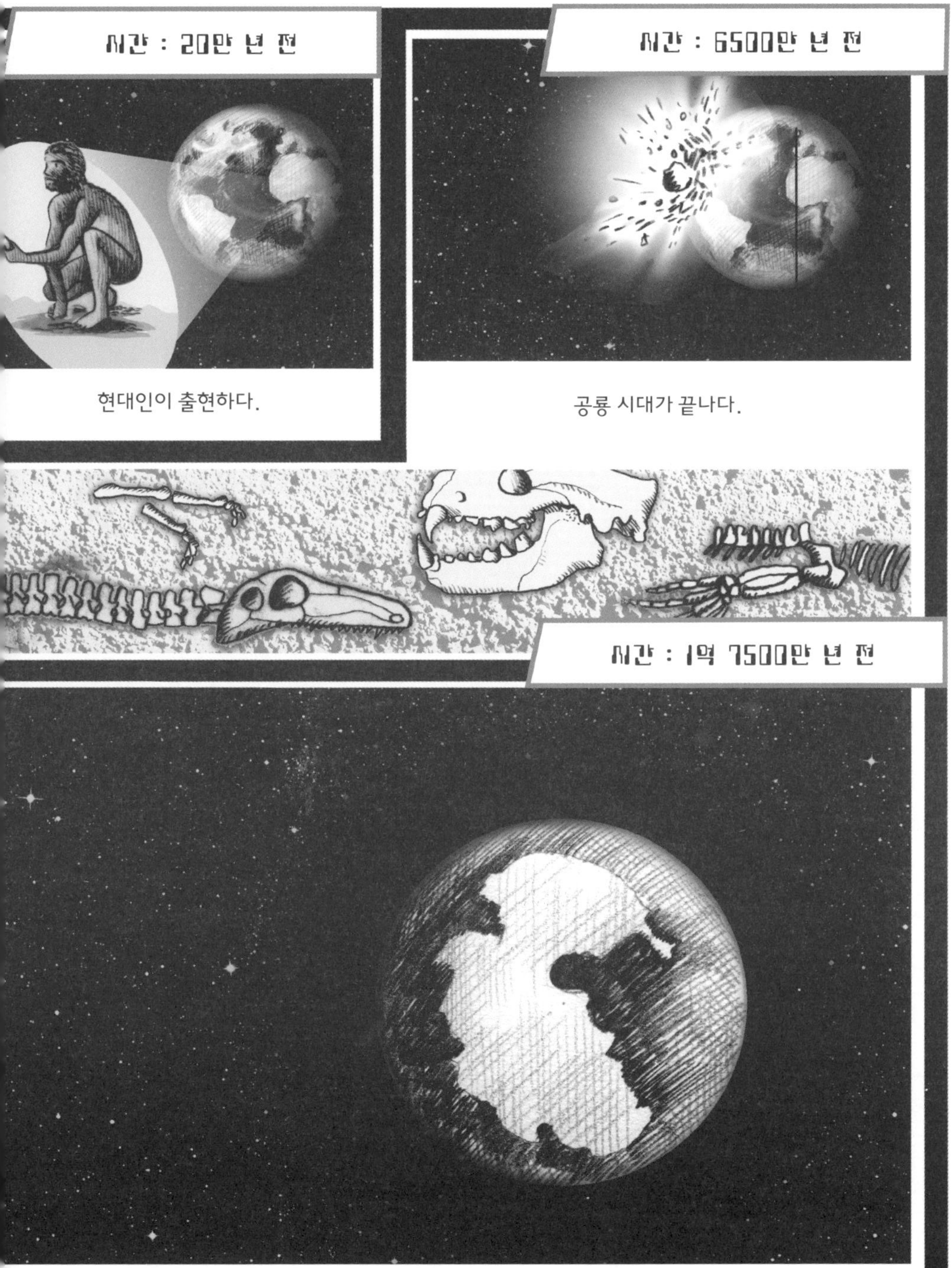

시간 : 20만 년 전
현대인이 출현하다.

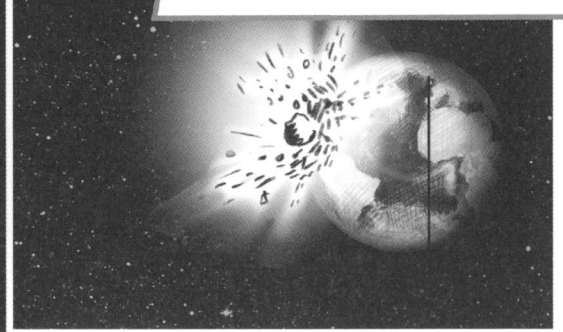
시간 : 6500만 년 전
공룡 시대가 끝나다.

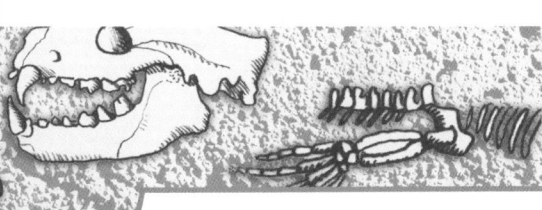
시간 : 1억 7500만 년 전

판게아(지구의 모든 대륙이 합쳐진 하나의 거대한 땅덩어리)가 쪼개지다.

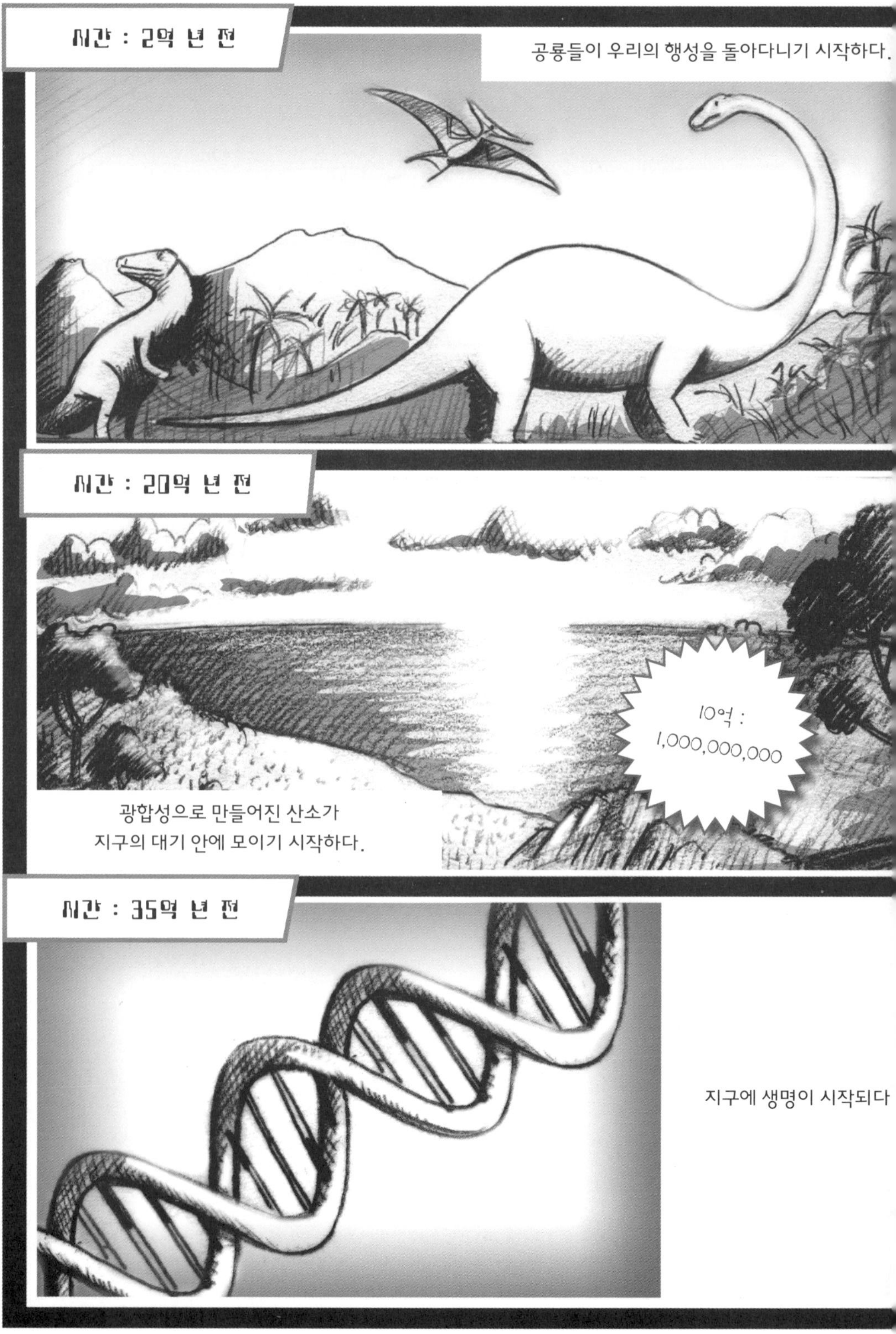

시간 : 2억 년 전

공룡들이 우리의 행성을 돌아다니기 시작하다.

시간 : 20억 년 전

광합성으로 만들어진 산소가
지구의 대기 안에 모이기 시작하다.

10억 :
1,000,000,000

시간 : 35억 년 전

지구에 생명이 시작되다

초기의 지구는 위험한 장소이다.

행성들이 만들어지면서 초기 태양계가 형성되다.

태양이 태어나다.

시간 : 96억 년 전

아름다운 나선 은하, 은하수.

시간 : 132억 년 전
빅뱅 후 5억 년 경

최초의 별들이 폭발해서 다양한 원자들을 우주 공간으로 흩뿌리고, 그것들이 결국 우주 곳곳에서 다음 세대의 별이 될 것이다.

가스 지역들이 붕괴해, 핵에너지를 방출할 정도로 뜨겁게 가열된 방울이 되어 최초의 별들이 되다.

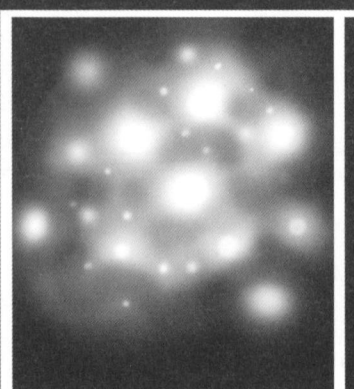

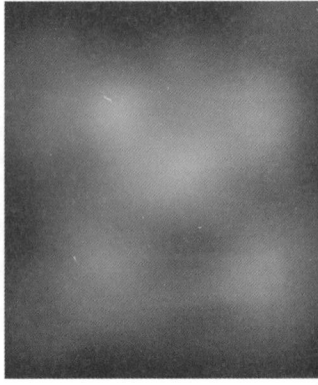

암흑 물질과 가스가 조밀하게 밀집한 지역들이 중력에 의해 끌어당겨지다.

우주 암흑기가 수억 년 동안 지속되다.

최초의 원자들이 나타나면서 안개가 걷히다.
우주 마이크로파 배경 복사가 우주로 자유롭게 여행하다.

시간 : 거의 5억 년 전, 빅뱅 후 38만 년

시간 : 137억 년 전, 빅뱅 후 3분

최초의 핵들이 형성되는 동안,
뜨거운 안개가 우주를 가득 채우다.

시간 : 빅뱅 후 10^{-5}초

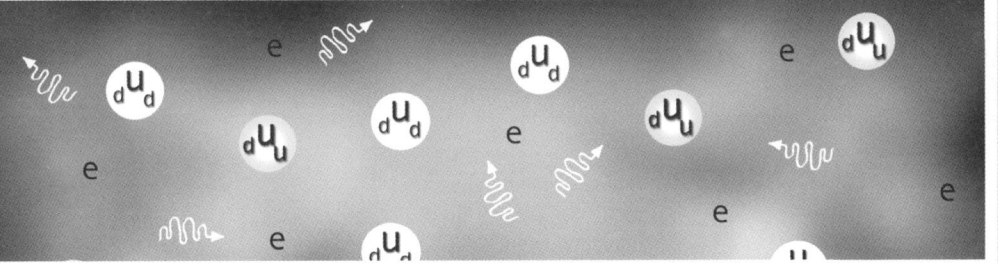

쿼크-글루온 플라스마가 식으면서 광자와 중성자들이 만들어지다. 물질과 반물질이 쌍소멸하면서 광자(빛의 입자)를 방출하므로, 안개 같은 플라스마를 통해 멀리 여행할 수 없다.

시간 : 빅뱅 후 10^{-12}초

시간 : 빅뱅 후 10^{-29}초

모든 입자들이 힉스 마당의 도움으로
질량을 획득하다.

우주가 막 급팽창을 멈추어 막대한 양의
에너지를 방출하다. 우주가 쿼크-
글루온 플라스마로 가득 차 있다.

시간 : 급팽창 시기, 거의 빅뱅에 가까운 시기.

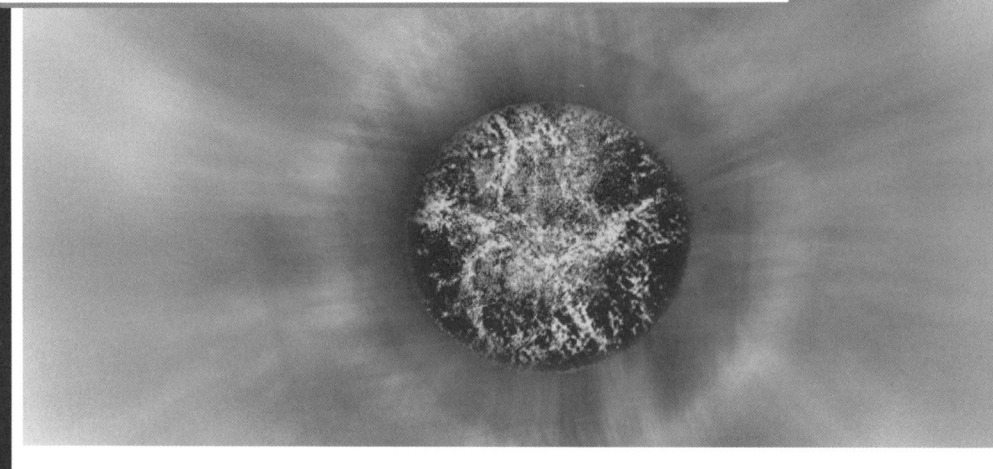

우리가 빅뱅에 다가가면서 우주가 급속도로 오그라들고 있다.

시간 : 플랑크 시기 - 새로운 물리학!

별난 물질과 M 이론의 영역. 여전히 오그라들고 있지만 그렇게 빠르지는 않다.

시간 : 빅뱅?

우리가 이해하고 있는 공간과 시간이 시작되어야 하는 시점이 바로 여기다.
그러나 우주는 여전히 믿을 수 없을 정도로 작으며 여전히 오그라들고 있다.
어쩌면 그것은 결코 특이점에 도달하지 못할지도 모른다.

감사의 글

《조지와 빅뱅》같은 책은 난데없이 나타난 게 아닙니다. 이 책이 세상에 나오기까지 많은 사람들이 도움을 주었습니다. 〈스티븐 호킹의 우주 과학 동화〉 시리즈 전체를, 그리고 특히 이 세 번째 책을 쓰는 것은 기쁨이자 특권이었습니다. 조지의 모험을 함께해 온 랜덤하우스 어린이책 팀 모두에게 감사드리고 싶습니다. 어렴풋한 아이디어 조각에 불과했던 것을 책으로 만들어 준 내 훌륭한 편집장 수 쿡에게 고마움을 전합니다. 또한 과학을 어린 독자들이 이해할 수 있도록 바꾸어 준 애니 이튼의 상상력과 헌신에도 감사드리고 싶습니다. 〈스티븐 호킹의 우주 과학 동화〉 시리즈를 작업하는 데 너무나도 큰 힘이 되어 준 랜덤하우스 어린이책 팀의 또 다른 친구들과 동료 제시카 클라크, 소피 넬슨, 마에브 밴햄, 줄리에트 클라크, 로렌 버클랜드, 바비니 욜라파라, 마가렛 홉, 제임스 프레이저 그리고 클레어 랜즐리. 또한 양클로와 네스빗의 클레어 패터슨, 커스티 고든, 루크 양클로, 그리고 줄리 저스트에게도 감사드리고 싶습니다. 그들은 조지가 우주뿐만 아니라 지구를 여행하는 데 귀중한 자료를 제공해 주었습니다.

개리 파슨스는 조지와 그의 친구들, 적들을 생생하고 매력적으로 그려 주었습니다. 이번에는 또 거꾸로 돌아가는 우주의 모습까지 보여 주는 어려운 일을 해 주었지요. 연구자인 스튜어트 랜킨에게도 감사드립니다. 그가 없었다면 우리는 결코 역 슈뢰딩거 트랩에 대해서 알지 못했을 것입니다. 스튜어트는 역 슈뢰딩거 트랩의 특성을 알려주고, 빅뱅에 관한 에세이를 써 주었습니다. 그리고 양자 이론과 다른 기이하고 멋진 현상들에 대해서 놀라울 정도로 간단히 설명해 주었습니다. 이 책을 위해 훌륭한 정보를 제공해 준 막스플랑크 연구소의 마커스 포셀에게도 감사드립니다.

어린 독자들에게 자신들의 연구를 설명하기 위해 저명한 과학자들이 또다시 나섰습니다. 훌륭한 기고문을 보내 준 폴 데이비스, 마이클 S. 터너, 킵 S. 손에게 감사드립니다. 또한 우주의 경이를 담은 놀라운 사진들을 찍은 NASA의 로저 바이스와 우주의 사진들을 사용하도록 허락해 준 NASA의 모든 친구들에게도 고마움을 전하고 싶습니다.

또한 내가 1년 동안 머물면서 이 책을 마무리할 수 있도록 멋진 집을 제공해 준 ASU의 모든 친구들과 동료들에게도 감사드립니다.

무엇보다도 또 다른 조지의 책이 나오길 손꼽아 기다려 준 어린 독자들에게 감사드리고 싶어요! 여러분의 모든 우주여행에 행운이 깃들길 바랍니다.

루시 호킹

옮긴이의 글

　인간은 밤하늘에서 보석처럼 빛나는 별들을 보면서 처음으로 신비로운 우주에 대한 호기심을 품었습니다. 인간이 닿을 수 없는 먼 세계로만 여겨졌던 우주는 과학이 발달하면서 조금씩 그 베일이 벗겨지기 시작했지요. 지구가 세상의 중심이라는 생각은 곧 잘못된 것으로 드러났고, 뉴턴의 만유인력 이론은 머지않아 더 정교한 아인슈타인의 일반 상대성 이론으로 바뀌었습니다. 그 뒤 아주 작은 입자들의 세계를 설명하는 양자 이론이 나왔고 이제 과학자들은 일반 상대성 이론과 양자 이론을 합쳐서 거시 세계와 미시 세계를 이어 주는 단 하나의 이론을 찾아내려고 합니다.

　그럼 그 연결 고리를 어디서 찾고 있을까요? 과학자들은 그 비밀이 우주가 태어난 순간인 빅뱅 속에 감춰져 있다고 생각하고 있습니다. 그래서 137억 년 전으로 돌아가 빅뱅의 순간을 재현하려는 어떤 실험에 몰두하고 있지요.

　《조지의 우주를 여는 비밀 열쇠》와 《조지의 우주 보물찾기》에 이어 세 번째로 나온 《조지와 빅뱅》은 바로 이런 실험을 배경으로 하고 있습니다. 이 책에서는 인간이 그 동안 물어 왔던 근본적인 물음에 대한 해답을 찾아 나섭니다. 그리고 그 과정에서 우주의 가속 팽창, 암흑 물질과 암흑 에너지, 중력과 반중력, 신의 입자로 불리는 힉스, 11차원의 세계, 우주의 운명, 웜홀과 시간 여행, 타임머신과 음의 에너지, 초끈 이론 등 많은 과학 이론을 담아내려고 합니다. 어린이의 눈높이에 맞춰 쉽게 풀어 쓰기는 했지만 그 심오함이나 중대함은 현기증이 날 정도입니다.

NASA는 지구 심해의 열수 분출공에서 비소를 기반으로 하는 박테리아를 최초로 확인함으로써 인간의 상상을 초월하는 전혀 새로운 형태의 외계 생명체가 존재할 수 있음을 암시했습니다. 또 우주는 단 4퍼센트만 우리가 알고 있는 물질로 이루어져 있고 나머지는 아직 그 정체조차 알 수 없는 전혀 색다른 것으로 채워져 있는 것으로 드러났습니다.

인간은 지금까지 많은 위업을 이루어 냈습니다. 그럼에도 우주는 여전히 알면 알수록 알아야 할 게 더 많고, 파헤치면 파헤칠수록 파헤쳐야 할 게 더 많아서 우리 인간이 알고 있는 게 얼마나 적은지, 인간의 존재가 얼마나 미천한지 일깨워 주고 있습니다. 우주의 막대함 앞에 우리 인간은 아주 왜소할 뿐이지만 우주를 이해하려는 끊임없는 노력은 인간 지성의 한계를 시험하는 위대한 도전이 될 것입니다. 여러분이 바로 그 도전의 주인공이 되길 바랍니다.

보스턴에서
김혜원

옮긴이 **김혜원**

연세대학교 천문기상학과를 졸업하고 동대학원에서 이학석사학위를 받았다. 《우주여행, 시간여행》으로 제15회 과학기술도서상 번역상을 수상했으며 현재 전문 번역가로 활동하고 있다. 옮긴 책으로 〈해리 포터〉 시리즈를 비롯해 〈애니모프〉 시리즈, 〈델토라 왕국〉 시리즈, 《우주가 우왕좌왕》, 《물리가 물렁물렁》, 《아름다운 밤하늘》, 《고대 야생 동물 대탐험》, 《혜성》, 《세균 전쟁》, 《알베르트 아인슈타인》, 《하버드 대학의 공부벌레들》, 《진화하는 진화론》 등이 있다.

스티븐 호킹의 우주 과학 동화
조지와 빅뱅 2

초판 1쇄 발행 2012년 3월 22일
개정판 1쇄 발행 2018년 5월 3일
개정판 5쇄 발행 2025년 4월 30일

지은이 루시 & 스티븐 호킹 | **옮긴이** 김혜원

발행인 양원석 | **펴낸곳** (주)알에이치코리아
출판등록 2004년 1월 15일 제2-3726호
주소 08588 서울시 금천구 가산디지털2로 53, 20층(한라시그마밸리)
편집 문의 02-6443-8921 | **도서 문의** 02-6443-8800

ISBN 978-89-255-6345-9 (73840)

홈페이지 www.rhk.co.kr | **블로그** blog.naver.com/randomhouse1
인스타그램 @junior_rhk | **페이스북** facebook.com/rhk.co.kr

※ 제조자명 (주)알에이치코리아 | 제조국명 대한민국 | 사용연령 8세 이상
※ 종이에 손이 베이거나 모서리에 다치지 않게 주의하세요.
※ 잘못 만들어진 책은 구입하신 곳에서 바꾸어 드립니다.